하느님 사랑의 손길
# 일곱 성사

### 하느님 사랑의 손길
## 일곱 성사

2015년 2월 9일 초판 교회 인가
2015년 4월 10일 초판 1쇄 펴냄
2025년 3월 6일 개정판 교회 인가
2025년 5월 2일 개정 초판 1쇄 펴냄

지은이 · 손희송
펴낸이 · 정순택
펴낸곳 · 가톨릭출판사
편집 겸 인쇄인 · 김대영
편집 · 김지영, 강서윤, 김지현, 박다솜
디자인 · 강해인, 이경숙, 정호진
마케팅 · 임찬양, 안효진, 황희진, 노가영

본사 · 서울특별시 중구 중림로 27
등록 · 1958. 1. 16. 제2-314호
전자우편 · edit@catholicbook.kr
전화 · 1544-1886(대표 번호)
지로번호 · 3000997

ISBN 978-89-321-1948-9 03230

값 15,000원

ⓒ 손희송, 2015, 2025.
성경 · 전례문 · 교회 문헌 ⓒ 한국천주교중앙협의회, 2025.

이 책은 저작권법에 의해 보호를 받는 저작물이므로 무단 전재와 무단 복제를 금합니다.

가톨릭의 모든 도서와 성물, 디지털 콘텐츠를 '가톨릭북플러스'에서 만날 수 있습니다.
https://www.catholicbookplus.kr | (02)6365-1888(구입 문의)

하느님 사랑의 손길
# 일곱 성사

손희송 지음

가톨릭출판사

# 개정판을 내면서

교회는 하느님의 부르심을 받아 구원의 길에 들어선 사람들의 공동체입니다. 세례성사를 받음으로써 그리스도의 구원 공로에 힘 입어 죄와 죽음의 굴레에서 벗어난 이들의 모임이 교회인 것입니다. 또한 교회는 구원이 완성되는 하늘나라를 향해 순례하는 공동체입니다. 하늘나라에 이르면 하느님 친히 우리들의 "눈에서 모든 눈물을 닦아 주실 것"이고, "다시는 죽음이 없고 다시는 슬픔도 울부짖음도 괴로움도 없을 것"입니다(묵시 21,4).

이미 구원의 길에 들어선 신앙인은 구원이 완성될 때까지 그 길을 충실히 가야 합니다. 구원의 완성은 사랑 자체인 하느님과 온전히 일치함으로써 이루어지는

데, 그러기 위해서는 우리 자신이 온통 사랑이어야 합니다. 이 세상에서 믿음과 희망 안에서 사랑을 키워 갈수록 하느님과의 일치에 가까이 이르게 됩니다.

아울러 구원을 이미 맛본 신앙인들은 다른 사람들도 구원의 길로 들어서도록 인도해야 합니다. 하느님께서는 모든 사람이 구원되기를 원하시기 때문입니다. 하느님의 이런 보편적 구원 의지를 실현하는 사명은 신자들 개개인은 물론 교회 공동체 전체에게 주어진 것입니다. 그 사명을 실현하기 위해 교회는 먼저 구원의 말씀인 복음을 세상에 선포해야 합니다. 또한 전례를 거행함으로써 하느님을 경배하고 그분이 주시는 은총을 받도록 인도해야 합니다. 그리고 봉사적 사랑을 실천하여 하느님의 사랑을 세상에 드러내야 합니다. 교회의 과제는 복음 선포, 전례 거행, 세상과 인간에 대한 사랑의 봉사, 이렇게 세 가지로 요약됩니다.

교회의 이 세 가지 본질적 과제는 서로 밀접하게 연

결되어 있습니다. 그중에서 어느 것이 우선적인가에 대해서는 의견이 조금씩 다릅니다. 어떤 사람은 세상과 인간에 대한 봉사가 가장 중요하다면서 복음 선포와 성사는 세상과 인간에 대한 봉사에 도움이 되는 한에서 의미를 지닌다고 주장합니다. 다른 이는 복음 선포를 교회의 첫 번째 과제로 삼아야 한다고 주장합니다. 믿음은 그리스도교 구원의 뿌리이며 기초인데, "믿음은 들음에서 오고 들음은 그리스도의 말씀으로"(로마 10,17) 이루어지기 때문입니다. 사도들도 '식탁 봉사'를 위해 '하느님의 말씀'을 제쳐 놓는 것을 용납하지 않았습니다(사도 6,2 참조).

가톨릭 교회에서는 다양한 의견이 허용되지만, 최종 결정은 교도권이 내립니다. 가톨릭 교회의 교도권은 세 가지 교회의 과제에서 전례에 우선권을 둡니다. 왜냐하면 하느님의 말씀을 선포하기 전에 우선 말씀을 들어야 하고, 사랑의 봉사를 하기 전에 그에 필요한 힘을 얻어야 하는데, 그것이 바로 전례, 특히 성찬례에서 이루어지기 때문입니다. 그래서 제2차 바티칸 공의회의 〈전례 헌장〉은 이렇게 밝히고 있습니다. "전례는 교회 활동이 지향하는 정점이며, 동시에 거기에서 교회의 모든 힘이 흘러나오는 원천이다 …… 특히 성찬례에서, 마치 샘에서처럼, 은총이 우리에게 흘러들어 온다."(10항)

전례에서는 성체성사를 비롯한 일곱 성사가 중심이 됩니다. 성사를 거행하면서 하느님께 찬미와 영광을 드리고 우리에게 필요한 은총을 얻습니다. 하지만 성사를 통해 주어지는 은총이 아무리 풍성해도 능동적으로 성사에 임하지 않으면 돌밭에 뿌려진 씨앗(마르 4,5-6 참조)처럼 열매를 맺지 못합니다. 이런 능동적 자세에는 성사에 대한 올바른 이해도 포함됩니다. 아는 만큼 보인다는 말이 성사에도 그대로 적용됩니다. 성사를 이해하지 못하면 거기에 담긴 영적 보화를 알아보지 못합니다. 반면에 성사에 대한 이해가 깊을수록 성사에 담긴 영적 보화를 더 잘 받아들여 신앙을 성장시킬 수 있습니다.

저는 성사에 대한 이해를 돕고자 2015년 초에 《일곱 성사》를 펴냈습니다. 그 책은 가톨릭평화방송에서 강의했던 내용을 정리한 것이었습니다. 이제 10년이 지나 그 책을 다듬어서 새롭게 세상에 내놓습니다. 개정판을 출간하기로 결심한 것은 제게 주어진 새로운 임무에 대한 책임 의식 때문입니다. "교구장 주교는 자기에게 맡겨진 개별 교회에서 하느님 신비의 으뜸 분배자요 모든 전례 생활의 지도자이며 촉진자요 수호자이다."(〈미사 경본 총지침〉 22항)

이 책으로 저의 주교 수품 10주년을 기념하고 싶습니다. 2015년 7월 14일에 서울대교구 보좌주교로 임명을 받은 이래로 그분의 '성실한 관리인'(1코린 4,2 참조)이 되고자 다짐하면서 살아오고 있습니다. 아울러 저의 의정부교구 제3대 교구장 착좌 1주년도 기념하고

자 합니다. 2024년 5월 2일 의정부 교구의 사제, 수도자, 신자들의 정성을 가득 담아 거행했던 착좌 미사는 참석자 모두가 주님 안에서 하나 되는 감동과 기쁨의 시간이었습니다. 또한 교회 공동체가 가시적으로 드러나는 아름다운 순간이기도 했습니다. "주교가 자기 사제단과 성직자들과 더불어 주재하는 전례 거행들", 특히 "동일한 성찬례에 하느님의 거룩한 백성 전체가 충만하게 능동적으로 참여할 때에 교회의 탁월한 현현이 이루어진다"(〈전례 헌장〉 41항).

새 책을 낼 수 있도록 의지와 건강, 시간을 허락해 주신 하느님께 찬미와 감사를 드립니다. 또한 출판을 위해 도움을 주고 수고를 아끼지 않으신 가톨릭출판사 관계자들에게도 고마운 마음을 전합니다.

**2025년 정초에 의정부에서
손희송 베네딕토**

## 초판 머리말

저는 1993년 3월부터 20년 동안 가톨릭대학교 신학대학(대신학교)에서 성사론<sup>聖事論</sup>을 강의했습니다. 그 기간에 성사론에 관련된 여러 권의 책을 펴냈습니다. 이번에는 기존의 저서에서 핵심 내용을 간추리고 거기에 좀 더 보태서 '요약본'을 출간하게 되었습니다. 이미 출판된 책에서 성사에 관한 얘기는 거의 다 했는데도 불구하고 같은 주제의 책을 또 내는 데에는 특별한 계기가 있습니다.

2013년 초반에 가톨릭평화방송 〈가톨릭 신앙의 보물들〉이란 프로그램에 출연해서 성사에 대해 강의해 달라는 요청을 받았습니다. 스튜디오에서 카메라만 쳐

다보고 독백하듯 녹화하는 것이 마음에 내키지는 않았지만, 방송 매체를 통해 좀 더 광범위하게 성사에 대한 이해를 돕는 것도 의미 있는 일이라 여겨서 요청을 수락했습니다.

녹화를 마치고 방송을 위해 작성한 원고를 보면서 책으로 내도 괜찮겠다고 생각하던 차에 《월간 레지오 마리애》 편집부에서 제안이 왔습니다. 방송에 사용했던 원고를 정리해서 잡지에 싣자는 것이었습니다. 마침 제가 서울대교구 레지오 마리애 '서울 무염시태 세나뚜스' 담당 사제라서 그 제안을 흔쾌히 받아들였습니다. 그리하여 2014년 한 해 동안 《월간 레지오 마리애》에 제 원고를 〈성사, 은총의 표징〉이라는 제목으로 연재했습니다. 이제 그 한 해 동안의 연재물을 엮어 책으로 출판하게 되었습니다.

이 책이 성사를 이해하는 데에, 특히 신자 재교육에 도움이 되면 좋겠습니다. 좀 더 자세한 설명을 원하는 분에게는 이미 출간된 저의 저서를 추천합니다. 문답식으로 성사를 설명한 《칠성사 믿음의 문을 열다》(생활성서사), 가톨릭대학교 신학대학에서 강의했던 성사총론과 성사각론을 엮은 《성사, 하느님 현존의 표지》(가톨릭대학교출판부), 《일곱 성사, 하느님 은총의 표지》(가톨릭대학교출판부) 이렇게 세 권의 책입니다.

  새로운 책을 낼 수 있는 계기를 마련해 주신 하느님께 찬미와 감사를 드립니다. 또한 원고를 잘 다듬어 품위 있는 책으로 출판되기까지 수고를 아끼지 않은 가톨릭출판사 관계자들에게도 깊이 감사드립니다.

2015년 새해를 맞이하며 명동에서
손희송 베네딕토

# 성사란 무엇인가?

**성사는 하느님의 은총을 전하는 예식이다**

우리 주위에는 컴퓨터, 스마트폰, 태블릿 PC와 같은 첨단 전자 기기가 많다. 하지만 아무리 기능이 우수하고 정교하게 만들어진 전자 기기라고 해도 전원이 끊기면 무용지물이다. 사람도 이와 비슷하다. 사람은 하느님의 피조물이기에 그분과 연결되지 않으면 사람답게 살 수 없다. 하느님을 등진 인생은 방향을 잃고 헤매다가 잘못된 길로 빠질 위험이 다분하다. '되찾은 아들의 비유'(루카 15,11-32 참조)에서 아버지에게 유산을 미리 받아 멀리 떠나가 원하는 대로 살다 결국 모든 재산을 탕진하고 비참한 신세가 된 둘째 아들처럼 말이다.

인간은 하느님께서 불어넣어 주신 "생명의 숨" 덕분에 "생명체"(창세 2,7)가 되었기에 하느님의 은총이 없으면 한시도 살아갈 수 없다. 우리는 하느님의 은총 덕분에 이 세상에 태어나 하루하루 살아가고 있다. 이 소중한 은총을 가장 확실하게 받을 수 있는 통로가 바로 성사다. 그래서 가톨릭 교회는 일곱 성사를 신앙생활의 영적 보물로 여겨 왔다.

성사聖事는 글자 그대로 풀면 '거룩한 일'이란 뜻이다. 거룩한 것을 전해 주기 때문에 거룩한 일이라고 하는데, 그 거룩한 것이란 바로 하느님의 은총을 말한다. 다시 말해서 성사란 '보이지 않는 하느님의 은총을 전하는 예식'이다.

예를 들어 세례성사를 살펴보자. 사제는 세례받는 사람의 세례명을 부르며 이마에 물을 세 번 부으면서 "나는 성부와 성자와 성령의 이름으로 (   )에게 세례를 줍니다."라고 말한다. 여기서 물은 보이지 않는 성화 은총聖化恩寵(생명의 은총, 죄를 용서받고 거룩하신 하느님의 자녀가 되게 하는 은총)을 보이도록 표현한 것이다. 물이 더러운 것을 씻어 주듯이, 세례성사의 성화 은총은 우리 영혼에 묻은 모든 죄와 더러움을 씻어 준다.

## 인간의 삶에도 '성사적' 면모가 있다

성사가 그러하듯 인간도 보이지 않는 것을 보이도록 표현하며 살아간다. 육체와 정신으로 구성된 인간은 보이지 않는 내면의 상태를 다른 이들이 볼 수 있도록 몸짓으로 드러낸다. 이를테면 마음에 가득한 기쁨은 웃음으로, 커다란 슬픔은 울음으로, 분노는 불끈 쥔 주먹으로 말이다. 소통하는 것도 이런 방식으로 이루어진다. 누군가를 좋아하면 그 사람에게 다가가서 악수를 청하거나 얼싸안는다. 슬퍼하는 사람을 위로할 때는 손을 맞잡거나 어깨를 감싸안는다. 이렇게 인간은 표정이나 몸짓을 통해 보이지 않는 마음을 표현하며 살아가는 것이다.

  다른 이에 대한 호의와 관심은 표정이나 몸짓 이외의 방식으로 표현되기도 한다. 꽃다발이라든가 반지 같은 선물을 주거나 식사에 초대해 그런 마음을 드러낸다. 이런 표정이나 몸짓, 선물과 초대는 보이지 않는 마음을 담아 전해 주는 표징이 된다. 그리고 이렇게 사랑과 배려의 마음을 담아 표현하면 상대방에게 긍정적인 영향을 미친다. 이와 관련된 재미있는 이야기 하나를 소개한다.

  오스트리아 시인 라이너 마리아 릴케(1875~1926년)는 젊은 시절에 프랑스의 조각가 오귀스트 로댕(1840~1917년)의 비서로 일하느라 파리에 머문 적이 있었다. 릴케는 매일 정오가 될 즈음 젊은 여인과 함께 거리를 산책했다. 그 산책로 중간에는 늘 할머니 한 분이 동냥을 하고 있었다. 할머니는 고개를 숙인 채 앙상한 나뭇가지처럼 손만 앞으로 내밀고 있다가 지나가는 사람이 돈을 얹어 주면 고맙다는 말도 없이 그냥 챙겨 넣었다. 릴케와 동행하던 여인은 동전을 준비했다가 그 할머니에게 주고는 했다. 릴케는 그 할머니에게 아무것도 주지 않았다. 어느 날 여인이 릴케에게 물었다. "당신은 저 사람이 불쌍하지 않나요? 왜 아무것도 주지 않는 건가요?" 그는 잠시 머뭇거리더니 이렇게 대답했다. "사람들은 저 사람의 손에 돈을 주겠지만 나는 그의 마음에 무언가를 주고 싶습니다."

며칠 후 릴케는 하얀 장미 한 송이를 들고 산책하러 나왔다. 그리고 할머니 앞에 이르자, 가져온 장미를 그 할머니의 손에 조심스럽게 쥐여 주었다. 할머니가 고개를 들어 릴케를 쳐다보았다. 그러고는 장미를 내민 릴케의 손을 잡고 서서히 일어서더니 흡족한 표정으로 그의 볼에 입을 맞추고는 자리를 떠났다. 이후 그 할머니는 며칠간 보이지 않았다. 어느 날 다시 예전과 똑같은 모습으로 동냥하는 것을 본 여인이 릴케에게 말했다. "저 할머니는 며칠 동안 어떻게 살았을까요?" 그는 즉시 대답했다. "장미의 힘으로!"

릴케가 할머니에게 전해 준 하얀 장미 한 송이에는 무언無言의 메시지가 담겨 있었다. "지금 당신은 초라하고 보잘것없이 동냥을 해서 살고 있지만, 이 장미를 받을 만한 사람입니다." 하얀 장미에는 존중이라는 꽃말이 있다. 릴케가 준 그 장미에는 할머니도 '존중받을 만한 한 사람'이라고 말하고 싶은 릴케의 따뜻한 마음이 담겨 있었던 것이다.

릴케는 장미 한 송이에 따듯한 마음을 담았고, 그 장미는 할머니에게 힘을 주었다. 이렇게 본다면 어떤 의미에서는 사실 세상만사가 모두 '성사'가 될 수 있다. 평범하고 작은 것이라도 우리의 정성과 사랑을 담아서 전한다면 그것이 바로 넓은 의미의 성사, 일종의 '삶의 성사'인 것이다. 예를 들면 남편이 아내의 생일을 축하하는 마음을 담아서 건네는 꽃다발, 직장에서 피곤한 몸으로 돌아온 남편에게 아내가 격려의 마음을 담아서 전하는 맥주 한 잔, 이런 것들이 모두 '삶의 성사'다. 이런 '삶의 성사'들은 우리에게 소소한 기쁨과 행복을 전해 줌으로써 우리의 삶을 풍요롭게 해 준다. 또한 작은 것에서도 기쁨과 행복을 얻는 방식을 가르쳐 주기 때문에 적게 갖고도 만족할 수 있는 길을 열어 주기도 한다. 이 길을 따라간다면 우리 안에 도사리고 있는 욕심의 소용돌이에서 벗어날 수 있을 것이다.

**성사는 인생의 중요한 순간에 특별한 도움을 준다**

하느님께서는 우리 눈에 보이지 않는다. 그런데 성자 예수님을 사람이 되게 하심으로써 우리가 볼 수 있도록 당신을 드러내셨다. "아무도 하느님을 본 적이 없다. 아버지와 가장 가까우신 외아드님 하느님이신 그분께서 알려 주셨다."(요한 1,18) 그러므로 예수님께서는 보이지 않는 하느님의 보이는 표지이다. 이런 의미에

서 가톨릭 신학자들은 예수님을 원성사原聖事라고 표현한다.[1]

하느님께서는 당신의 은총도 보이는 방식으로 전해 주신다. 그것이 바로 가톨릭 교회의 일곱 성사, 곧 세례·견진·성체·고해·병자·성품·혼인성사다. 일곱 성사를 우리 인생의 여정과 비교해서 생각한다면 성사가 얼마나 중요한지 쉽게 이해할 수 있다.

사람이 어머니의 품을 통해서 태어나듯이 어머니이신 교회의 세례성사를 통해서 우리는 하느님의 아들딸로 새롭게 태어난다. 태어난 아이가 어느 정도 자라면 성인成人으로 인정받는다. 과거에는 성인식이라는 의례를 통해 한 사람을 성인으로 인정해 주었다. 이와 비슷하게 견진성사를 받음으로써 신앙적으로 어른이 되어 이웃에게 자신의 신앙을 증거할 수 있게 된다. 사람의 육체가 성장하려면 음식을 섭취해야 한다. 마찬가지로 영적으로 성장하기 위해서는 영혼의 양식이 필요한데 그 양식을 제공해 주는 것이 바로 성체성사다.

그런데 세상에는 영적·육체적 건강을 해치는 여러 가지 위험 요소들이 있다. 악의 유혹에 빠져서 죄를 지으면 영적으로 병들고 허약해진다. 그럴 때는 고해성사를 통해서 용서의 은총을 받고 다시 영적으로 건강해질 수 있다. 육신에 병이 들면 일반적으로 약국이나 병원을 찾아가서 도움을 받는다. 하지만 중한 병이 들면 신자들은 의사의 도움뿐만 아니라 교회의 도움을 청하게 된다. 이때 사제는 병자성사를 베풀면서 하느님께 병자의 치유와 병고를 견딜 힘과 용기를 청한다. 죽음을 앞둔 사람의 경우에는 병자성사를 받으면서 선종善終의 은혜를 청한다.

성인이 되면 부모와 가정을 떠나 독립을 한다. 배우자를 찾아 결혼하여 가정을 이루고 살아가는 것이다. 혼인성사는 이렇게 부부의 연을 맺은 두 남녀 신자가, 예수님께서 당신 교회에 베푸신 헌신적 사랑에 힘입어서 부부의 사랑을 완성하도록 도와준다. 어떤 사람은 사제 성소를 받고 그리스도의 몸인 교회 공동체를 위해 봉사하게 되는데, 성품성사는 이에 상응하는 은총을 전해 준다.

이처럼 하느님께서는 우리 삶의 여정이 시작될 때부터 마칠 때까지 함께하신다. 그런데 우리의 인생 여정은 똑같은 시간의 연속이나 반복이 아니다. 인생에는 마치 대나무의 마디처럼 중요한 순간이 있는데, 이를테면 탄생, 결혼, 병고, 죽음 등과 같은 순간이다. 하느님께서는 이 중요한 순간에 좀 더 우리 가까이에서 특별한 도움을 주고자 일곱 성사를 마련하신 것이다.

## 성사를 통해 하느님의 은총이 틀림없이 전해진다

하느님께서는 성사를 통해 인생의 중요한 시기에 필요한 은총을 우리에게 전해 주고자 하신다. 우리가 잘하면 은총을 주시고, 잘못하면 은총을 안 주시는 분이 아니라 성사를 받는 사람 누구에게나 풍성한 은총을 베풀어 주시는 분이다. 예수님의 말씀대로 하느님께서는 "악인에게나 선인에게나 당신의 해가 떠오르게 하시고, 의로운 이에게나 불의한 이에게나 비를 내려 주시는"(마태 5,45) 분이시다.

예수님께서는 사제가 거행하는 성사를 통해 바로 이러한 하느님의 커다란 자비와 은총을 우리에게 베풀어 주신다. 바꿔 말하면 성사의 본래 집전자는 예수 그리스도이시고, 사제는 그분의 도구다. 그래서 성사는 사제의 성덕에 좌우되어 은총을 주는 것이 아니라 '성사 자체의 힘'으로 은총을 전한다. 이것을 사효성事效性이라고 한다. 사제가 교회가 정한 규정에 따라 교회의 지향대로 성사를 거행하면 그 성사는 분명히 은총을 전해 준다.

세례성사의 경우에 교회가 정한 세례의 형식은 이마에 물을 세 번 붓거나, 물에 몸을 세 번 담그면서 삼위일체 하느님의 이름을 부르는 것이다. 교회가 세례를 베풀면서 지향하는 바는, 세례받는 사람이 모든 죄의 사함을 받고 하느님의 자녀로 새로 태어나는 것이다. 이런 지향을 지니고 정해진 대로 세례성사를 거행하면 세례의 은총이 틀림없이 전해진다.

설령 사제가 인간적인 결함이나 과오가 있다고 해도 정해진 조건을 지키면서 성사를 집전한다면 은총을 전하는 데에는 전혀 지장이 없다. 성사 안에서 활동하시는 분은 예수 그리스도이시기 때문이다. 구세사를 보면, 하느님께서는 인간의 죄와 잘못을 저질렀음에도 불구하고 당신의 구원 계획을 성취하시는 분으로 나타난다. 하느님께서는 굽은 자로도 직선을 그으시는 분이다. 그렇기에 인간의 부족함과 허물에도 불구하고 성사를 통해 틀림없이 은총을 전해 주실 수 있다. 하느님께서는 인간을 극진히 사랑하시기 때문에 허물 있는 성직자가 거행한 성사를 통해서도 은총을 충만하게 주신다. 이를 두고서 중세의 신학자 토마스 아퀴나스 성인은 이렇게 말했다. "병든 의사도 병자를 치유할 수 있다."

그렇다고 해서 사제가 성사를 아무렇게나 거행해도 된다는 것은 아니다. 성사 집전자의 부족함과 허물이 성사가 유효하게 거행되는 데에 방해 요소가 되지는 않지만, 신자들이 성사를 받기에 합당한 준비를 하는 데에 방해가 될 수 있다. 성사의 은총은 열매를 맺어야 하는데, 사제의 불성실한 태도는 은총이 열매를 맺는 데 걸림돌이 될 수 있다는 말이다. 예를 들어서 (물론 그래서는 안 되겠지만) 사제가 부스스한 머리를 한 채로 아침 미사를 집전하면서 성의 없이 강론을 하면 어떻게 될까? 아마 신자들은 마음이 닫혀서 그 미사를 통해 은총이 전해진다고 해도 제대로 전달받기 어려울 것이고, 심지어 성체를 영하면서도 주님을 가깝게 느끼지 못할 위험이 크다. 또 어떤 사제가 고해성사를 주면서 신자에게 면박을 주고 야단을 친다면 사죄경을 통해 용서의 은총이 주어져도 그 신자는 마음의 상처를 입어 그 은총을 느끼기 어려울 것이다.

따라서 성사의 은총이 성사 집전자의 성덕에 좌우되지 않는다는 말은, 성사 집전자가 아무렇게나 성사를 집전해도 된다는 뜻이 아니다. 성사의 사효성은 인간의 행업보다 앞서 오는 하느님의 은총을 강조하는 동시에 부당한 성사 집전자로부터 신자들을 보호하는 데에 그 목적이 있다. 하느님께서는 우리가 모두 구원되기를 원하시기 때문에 인간적으로 부족하고 허물이 있는 사제가 집전한 성사를 통해서도 당신 은총을 베풀어 주시는 것이다.

## 성사의 은총이 풍성한 열매를 맺기 위해서는 준비가 필요하다

성사는 사효적으로 효력을 내지만, 사제가 정성을

다해 성사를 준비하고 성실하게 거행할 때 성사의 은총은 가장 잘 전해진다. 그러나 성사를 받는 신자들 편에서도 준비가 필요하다. 성사를 받는 사람이 준비되어 있지 않다면, 하느님의 은총은 결실을 거두지 못한다. 아무리 따사로운 봄 햇살이 내리쬐더라도 죽은 고목은 햇빛을 받아들일 수 없는 것과 같은 이치다. 살아 있는 나무만이 햇빛을 받아서 싹을 틔우고 꽃을 피울 수 있다. 마찬가지로 하느님을 향해 마음을 여는 사람만이 그분 은총의 빛으로 변화되고 치유를 받고 힘을 얻을 수 있다. 비가 내릴 때 어떤 그릇을 가져다 놓느냐에 따라서 빗물을 많이 받기도 하고 적게 받기도 하는 것처럼 말이다. 이렇게 성사를 받는 사람이 어떻게 준비하느냐에 따라서 은총의 효과가 달라지는데, 이것을 인효성人效性이라고 한다.

예수님께서는 '씨 뿌리는 사람의 비유'(마르 4,1-9 참조)를 들려주시면서 좋은 땅에 떨어진 씨만이 "서른 배,

예순 배, 백 배"의 열매를 맺는다고 말씀하신다. 이 말씀은 성사에도 그대로 적용된다. 성사의 은총이 아무리 풍성해도 우리 마음이 좋은 땅이 되지 않으면 은총의 결실을 거두지 못한다. 좋은 땅이 되려면 "바르고 착한 마음으로 말씀을 듣고 간직하여 인내로써 열매를 맺는 사람들"(루카 8,15)이 되어야 한다.

생존 경쟁이 치열한 세상에서 이런저런 일로 바쁘게 지내다 보면 마음이 뒤엉키고 혼란스러워질 때가 많다. 그런 마음은 돌이 많은 땅 혹은 가시덤불이 무성한 땅에 비길 수 있다. 우리 마음이 좋은 땅으로 변하지 않으면 성사의 은총이 풍성한 결실을 거두지 못한다. 침묵과 기도로 마음을 준비한 다음에 성경 말씀을 읽고 이를 간직하여 자주 되새긴다면, 우리 마음이 서서히 좋은 땅으로 변화한다. 그러면 성사를 통해 우리에게 뿌려진 은총의 씨앗이 뿌리를 내리고 잘 자라나서 풍성한 열매를 맺게 된다.

하느님께서는 성사를 받는 이들 모두에게 넘치도록 풍성하게 은총을 베풀어 주신다. 그 은총으로 우리 믿음이 반석처럼 굳건해지고 희망의 꽃이 활짝 피며 사랑의 열매가 풍성하게 열린다. 그러려면 내적인 준비를 성실하게 해야 한다. 성경 말씀과 기도로 잘 준비해서 성사에 참여하면 성사를 통해 전해지는 은총 덕분에 기쁘고 행복하게 일상을 살아가면서 기꺼이 이웃 사랑을 실천하게 된다. 또한 역경을 당하더라도 희망과 용기를 잃지 않고 꿋꿋하게 살아갈 수 있다.

## 차례

| | |
|---|---|
| 개정판을 내면서 | · 5 |
| 초판 머리말 | · 11 |
| 성사란 무엇인가? | · 14 |

## 세례성사

| | |
|---|---|
| 세례성사를 받으면 하느님의 자녀가 된다 | · 41 |
| 세례성사로써 모든 죄를 용서받는다 | · 44 |
| 세례성사를 통해 성령을 선물로 받는다 | · 47 |
| 세례성사로 그리스도의 몸인 교회의 일원이 된다 | · 50 |
| 세례성사를 통해 영혼에 지워지지 않는 인호를 받는다 | · 52 |
| 유아도 세례성사를 받을 수 있다 | · 54 |
| 개신교에서 받은 세례는? | · 58 |
| 세례성사의 은총은 우리 존재의 '밑짐'과 같다 | · 61 |

## 견진성사

견진성사는 세례성사와 밀접히 연결되어 있다 · 68
세례성사와 견진성사가 밀접하게 · 69
연결된 이유는 무엇일까?
견진성사는 우리가 굳건한 신앙인으로 · 73
성장하도록 도와준다

## 성체성사

성체성사는 최고의 영적 양식이다 · 82
성체성사는 감사의 제사다 · 84
성체성사에는 부활하신 주님께서 현존하신다 · 87
성체성사는 희생 제사다 · 92
성체성사는 일치의 표지이다 · 96
성경 말씀으로 성체성사를 준비하는 신앙인 · 100

## 고해성사

고해성사를 통해 용서하시는 주님을 만난다 · 108
왜 사제에게 죄를 고백해야 할까? · 110
고해 사제는 주님 자비의 전달자가 되어야 한다 · 115
죄는 솔직하게 고백해야 한다 · 117
전화나 인터넷을 통해 고해성사를 보면 안 될까? · 121
보속은 죄가 남긴 흔적을 지우기 위한 노력이다 · 123
판공성사는 꼭 봐야 할까? · 125
일괄 사죄는 제한적으로 허용된다 · 131
고해성사가 하느님의 선물임을
체험하는 이들이 더 많아지기를! · 134

## 병자성사

병자성사를 통해 치유하시는 주님을 만난다 · 140
병자성사는 죽기 전에만
받을 수 있는 성사가 아니다 · 143
병자성사의 은총은 풍성하다 · 145
병자성사의 효과는 공동체의 참여로
더욱 높아진다 · 148

## 성품성사

사제직에는 두 종류가 있다 · 154
성품성사에는 세 품계가 있다 · 157
사제에게는 세 가지 주요 임무가 맡겨진다 · 159
사제는 왜 독신생활을 해야 할까? · 164
사제는 신자들의 기도로 산다 · 170

## 혼인성사

왜 혼인성사를 받아야 할까? · 176
혼인성사에는 은총과 함께 의무도 따라온다 · 179
혼인성사를 받기 전에 준비가 필요하다 · 182
이혼한 신자도 교회 공동체의 일원이다 · 185
기도는 성가정의 초석이다 · 188

맺음말 · 192

# 세례성사

# 세례성사

우리는 세례성사를 통해 예수 그리스도 안에서 모든 죄를 용서받고 하느님의 자녀로 새롭게 태어나 교회 공동체에 속하게 된다. 또한 이 성사를 받음으로써 다른 성사를 받을 수 있는 자격이 주어진다. 그래서 세례성사는 일곱 성사 중에서 가장 앞자리를 차지한다.

입교 성사인 세례성사를 받기 위해서는 일정 기간 교육을 받아야 한다. 고대 교회에서는 세례를 받기 전에 3년 동안 철저히 준비했다.[2] 하지만 현재 우리나라에서는 일반적으로 세례받기 전에 6개월 정도 교리 교육을 받는다.

세례성사는 통상적으로 성직자 곧 부제, 사제, 주교

가 집전한다. 그러나 비상시에는, 이를테면 전쟁이나 박해로 인해 성직자가 없는 경우나 혹은 성직자를 불러올 동안에 세례받을 사람이 죽을 위험에 처한 경우라면 평신도도 세례를 줄 수 있다. 이를 '죽을 위험 중의 세례'라고 한다(과거에는 대세代洗, 혹은 비상 세례라고 했다). 세례명을 정해 부르면서 이마에 물을 세 번 부으며 "나는 성부와 성자와 성령의 이름으로 (   )에게 세례를 줍니다."라고 말하면 된다. 세례를 받을 사람이 의식이 있다면, 지은 죄를 뉘우치도록 인도하고, 기본 교리(천주존재, 삼위일체, 강생구속, 상선벌악)를 가르쳐야 한다.

세례성사가 전해 주는 은총은 사도행전에 잘 요약되어 있다. 오순절에 베드로 사도가 다른 제자들과 함께 성령을 받고 나서 십자가에 못 박히시고 부활하신 예수님께서 구세주이심을 설교하자, 청중은 "우리는 어떻게 해야 합니까?"(사도 2,37) 하고 묻는다. 베드로 사도는 다음과 같이 대답한다. "회개하십시오. 그리고 저마다 예수 그리스도의 이름으로 세례를 받아 여러분의 죄를 용서받으십시오. 그러면 성령을 선물로 받을 것입니다."(사도 2,38) 바로 이 대답에 세례성사의 은총이 잘 요약되어 있다.

### 세례성사를 받으면 하느님의 자녀가 된다

베드로 사도는 "예수 그리스도의 이름으로" 세례를 받으라고 한다. 이는 세례를 통해서 예수 그리스도와 하나가 된다는 것을 뜻한다. 하느님의 아드님이신 예수님과 하나가 되면 우리도 그분처럼 하느님을 "아빠! 아버지!"(로마 8,15)로 부를 수 있다. 세례성사를 받음으로써 우리는 하느님의 자녀가 되는 것이다. 하느님 아버지께서는 자녀들에게 무한한 사랑을 주시는데 이 사랑은 우리의 몸과 마음을 지탱해 주고 성장하게 한다.

필자가 대신학교 교수로 재직 중이던 2007년에 수도권의 어느 보육원에서 안식년을 지낸 적이 있었다. 거기에는 젖먹이부터 유치원생까지 백 명 내외의 아이들이 있었는데, 수녀님들과 봉사자들의 따뜻한 보살핌을 받으면서 잘 자라고 있었다. 음식과 옷도 예상했던 것보다 훨씬 좋았다. 그런데 얼마 안 가서 이상한 점을 발견했다. 아이들이 병치레를 자주 하는 것이었다. 왜 그럴까 궁금했는데, 나중에 원장 수녀님의 설명을 듣고서 그 이유를 알게 되었다. "어린아이들에게는 부모의 사랑이 무엇보다도 중요한데, 그 사랑을 제대로 받지 못하니까 자주 아픈 거예요. 그게 안쓰러워서 더 잘 먹이고 잘 입히려고 노력하지만, 그런다고 부족한 사랑이 다 채워지겠어요?"

사람은 다른 이로부터 사랑과 관심을 받아야 몸과 마음 모두 건강하게 살 수 있다. 보통은 그런 사랑을 가족으로부터 받는다. 하지만 유감스럽게도 "네가 내 말 잘 들으면 사랑을 주지만, 그렇지 않으면 어림도 없다." 하는 식으로 사랑은 조건적이고 자기중심적이며 쉽게 변하는 경우가 대부분이다.

하지만 예수님께서 보여 주신 하느님의 사랑은 사람의 사랑과는 다르다. 그분은 죄인들을 내치지 않고 사랑과 자비로 돌보셨다. 심지어는 당신을 십자가에 못 박는 사람들을 용서해 달라고 성부께 기도하셨다(루카 23,34 참조). 부활하신 예수님께서는 당신을 세 번이나 배반한 베드로를 다시 불러 목자의 직무를 맡기셨다(요한 21,15-19 참조). 이렇게 예수님께서 주시는 사랑은 헌신적이고 조건이 없으며 변하지 않는다.

성부, 성자, 성령 즉, 삼위일체 하느님의 이름으로 세례를 받은 사람은 '하느님께서는 결코 자신에게서 사랑의 눈길을 거두지 않으신다'는 사실을 항상 마음에 간직하고 살 수 있다. 하느님의 사랑을 기억하고 살면 건강한 자존감을 얻게 된다. 건강한 자존감이 형성되면 자신이 못났다고 자책하거나 낙담하지 않는다. 그러면 남들이 자신에게 '못생겼다', '능력이 없다', '돈이 없다', '직업이 없다', '병들었다', '늙었다'라고 수군거리더라도 자책하거나 절망하지 않는다. 하느님께서는 우리가 부족하고 큰 허물이 있더라도 결코 우리를 버리지 않는 분이시기 때문이다.

| 세례성사로써 모든 죄를 용서받는다

성령 강림 직후에 베드로 사도는 자신의 설교를 들은 청중에게 예수 그리스도의 이름으로 세례를 받고 죄를 용서받으라고 권유한다. 세례는 죄를 용서해 주는 은총을 주는데, 이런 점은 바오로의 회심 이야기에서도 분명히 나타난다. 사도행전에서 하나니아스는 바오로에게 세례를 권유하면서 이렇게 말한다. "일어나 그분의 이름을 받들어 부르며 세례를 받고 죄를 용서받으십시오."(사도 22,16)

사람은 세례성사를 통해서 원죄와 본죄 모두 용서받을 수 있다. 원죄란 인류의 원조인 아담과 하와가 하느님과 같아질 수 있다는 뱀의 감언이설에 속아서 범한 죄다(창세 3장 참조). 그런데 그 죄는 후손들에게도 부정적인 영향을 미친다. '하느님과 같아지려는 욕심'이 이어져서 자신이 하느님의 피조물임을 받아들이지 않고 이 세상의 중심이 되려는 경향이 지속되는 것이다. 이런 경향을 따라 하느님을 거스르면 죄를 짓게 되는 것인데 그것이 바로 본죄, 즉 자기 자신의 죄다.

원죄든 본죄든 죄의 본질은 하느님을 등지고 자기 자신에게만 집착하는 이기주의다. 그런데 세례성사를 받으면 이기주의적으로 살아온 잘못을 모두 용서받는다. 하느님께서는 자신만을 바라보며 이기적으로 살아온 것에 대해 책임을 묻지 않으시고 새롭게 출발할 기회를 주시는 것이다.

세례성사를 통해 예수 그리스도와 하나가 됨으로써 죄에 물든 과거의 삶을 버리고 하느님과 이웃을 사랑하는 새로운 삶으로 거듭나게 된다. 바오로 사도는 세례를 통해 새로운 삶으로 태어나는 것은 그리스도의 죽음과 부활에 동참하는 것이라고 설명한다. "우리의 옛 인간이 그분과 함께 십자가에 못 박힘으로써 죄의 지배를 받는 몸이 소멸하여, 우리가 더 이상 죄의 종노릇을 하지 않게 되었습니다."(로마 6,6)

세례를 받아 예수님과 함께 죽어 그분과 하나가 된 사람은 그분과 같이 다시 살아나서 새로운 삶을 살아간다. 이런 새로운 삶은 세례성사가 가져다준 선물이다. 선물로 받은 새로운 삶이 유지되려면 반드시 우리의 노력이 필요하다. 그래서 바오로 사도는 이렇게 권고한다. "여러분의 지체를 불의의 도구로 죄에 넘기지 마십시오. 오히려 죽은 이들 가운데에서 살아난 사람으로서 자신을 하느님께 바치고, 자기 지체를 의로움의 도구로 하느님께 바치십시오."(로마 6,13)

세례성사를 통해 시작하는 새로운 삶이란 예수님께서 가르쳐 주시고 모범을 보여 주신 것처럼 하느님 아버지와 이웃을 사랑하며 살아가는 것이다. 세례의 은총은 우리가 자기라는 '감옥'에서 벗어나 기꺼이 이웃사랑으로 나아가는 길을 열어 준다. 이 길을 끝까지 가는 것은 우리 각자의 몫이다. 하지만 하느님께서는 우리를 홀로 두지 않으시고 그 길을 충실히 가도록 성령을 통해 도와주신다.

### | 세례성사를 통해 성령을 선물로 받는다

베드로 사도가 설교한 대로 우리는 세례를 통해 성령을 선물 받는다. 성령은 우리 안에 머무르시며 우리가 하느님의 자녀라는 사실을 깨닫게 해 주신다. "진정 여러분이 자녀이기 때문에 하느님께서 당신 아드님의 영을 우리 마음 안에 보내 주셨습니다. 그 영께서 '아빠! 아버지!' 하고 외치고 계십니다. 그러므로 그대는 더 이상 종이 아니라 자녀입니다. 그리고 자녀라면 하느님께서 세워 주신 상속자이기도 합니다."(갈라 4,6-7)

아울러 성령은 예수님의 말씀을 좀 더 잘 이해하도록 도와주신다. 이는 예수님께서 제자들에게 하신 말씀에서 잘 드러난다.

"내가 너희에게 할 말이 아직도 많지만 너희가 지금은 그것을 감당하지 못한다. 그러나 그분 곧 진리의 영께서 오시면 너희를 모든 진리 안으로 이끌어 주실 것이다."(요한 16,12-13)

이는 성령의 도우심으로 예수님의 말씀을 진리로 깨닫고 받아들이게 된다는 뜻이다.

또한 성령은 예수 그리스도를 담대하게 증언하도록 도와주신다. 예수님의 제자들에게서 그런 점이 잘 드러난다. 그들은 스승이 반대자들에게 붙잡힐 때 겁에 질려서 "모두 예수님을 버리고 달아났다"(마르 14,50). 예수님께서 부활하셨다는 소식을 듣고 함께 모이기는 했지만, 유다인들이 두려워서 방문을 꼭 잠그고 있었다(요한 20,19 참조). 이런 제자들이 성령을 받은 다음에는 완전히 달라진다. 사람들에 대한 두려움을 떨쳐 버리고 용감하게 예수님을 구세주로 선포하게 된 것이다(사도 2,14-36 참조).

한마디로 성령은 우리를 내적으로 변화시켜 주신다. 하느님께서는 무섭고 두려운 분이 아니라 자비로운 아버지이시며 우리는 그분의 자녀라는 것, 또한 그리스도의 말씀이 진리임을 깨닫게 하고 그것을 용감하게 세상에 증거하도록 이끌어 주신다.

아울러 성령은 세례를 받은 이들 안에 머무르시면서 당신의 목소리를 듣고 따르는 이들이 좋은 열매를 맺도록 이끌어 주신다. "성령의 열매는 사랑, 기쁨, 평화, 인내, 호의, 선의, 성실, 온유, 절제입니다."(갈라 5,22-23) 성령의 활동은 성령이 맺어 주시는 열매를 통해 분명하게 드러나고, 이 다양한 열매를 통해 교회는 그리스도의 몸으로 성장하게 된다.

## 세례성사로 그리스도의 몸인 교회의 일원이 된다

성령 강림 직후에 베드로 사도의 설교를 듣고서 3천 명이 세례를 받고 새로운 신자가 된다. 이들은 "사도들의 가르침을 받고 친교를 이루며 빵을 떼어 나누고 기도하는 일에 전념"(사도 2,42)했다. 세례를 받고서 교회 공동체에 속하여 본격적으로 신앙생활을 했다는 것이다. 이렇게 세례를 받으면 교회의 일원이 되어 "빵을 나누고", 즉 성찬례(미사)에 참여하고, 다른 신자들과 함께 기도하면서 서로 친교를 나누게 된다.

세례로 시작된 신앙은 교회 공동체와 함께하면서 성장한다. 자녀는 부모의 가르침을 듣고, 그들이 마련해 준 음식을 먹으며, 화목한 가정 분위기에서 성장하듯이, 교회에 속한 신자들도 그러하다. 교회 안에서 선포되는 하느님의 말씀을 듣고 교회의 가르침을 따르면서, 성체성사와 다른 성사들이 전하는 은총을 받고, 신자들과 함께 기도하고 친교를 나누면서 영적으로 양육되어 신앙이 자라나고 튼튼해진다.

예수 그리스도께서는 교회 안에서 성령을 통해 머무르시며 교회가 당신의 구원을 전하는 도구가 될 수 있도록 이끌어 주신다. 그리스도는 교회의 머리이시고, 교회는 그분의 몸이다. 따라서 우리가 세례를 받아 교회 공동체에 속하게 되면, 그리스도의 몸의 지체(肢體)가 되는 것이다(1코린 12,12-31 참조). 그리스도의 몸의 지체인 우리는 그리스도를 대신하여 그분의 축복과 구원을 온 세상에 전해야 한다.

예수의 데레사 성녀(1515~1582년)는 이런 점을 염두에 두고 우리에게 이렇게 말한다. "그리스도는 몸이 없지만 당신은 가지고 있습니다. 그리스도는 손이 없지만 당신은 가지고 있습니다. 그리스도는 발이 없지만 당신은 가지고 있습니다. 당신의 눈을 통해서 그리스도의 자비로운 눈이 세상을 바라봅니다. 당신의 발로 그리스도는 좋은 일을 하러 나갑니다. 당신의 손으로 그리스도는 축복을 줍니다."

예수님께서는 당신의 제자들이 약하고 부족하다는 것을 잘 아시면서도 당신의 구원 활동에 참여하게 하셨다. 오늘날도 예수님께서는 그 제자들과 크게 다르지 않은 우리를 일꾼으로 부르셔서 당신의 구원 사업을 돕도록 하신다. 부르심을 들으면, 자신의 부족함을 바라보며 주저하기보다는 그분의 은총을 믿으면서 기꺼이 응답해야 할 것이다. 미천한 우리가 예수 그리스도의 손발이 되어 그분의 구원 사업을 돕는다는 것은 그 무엇과도 비길 수 없는 영예요 영광이 아닐 수 없다.

## 세례성사를 통해 영혼에 지워지지 않는 인호를 받는다

세례성사를 받은 이들은 그 영혼에 지워지지 않는 인호印號가 새겨진다. 지워지지 않는 인호란 '취소되지 않는 하느님의 선택'을 의미한다. 하느님께서는 세례성사를 통해서 우리를 당신의 자녀로 선택하셨는데, 이 선택은 결코 취소되지 않는다. "하느님의 은사와 소명은 철회될 수 없는 것"(로마 11,29)이다.

성경에 따르면 하느님께서는 당신이 선택하신 이스라엘 백성이 잘못을 거듭하자 심판을 내리시지만, 그들을 완전히 버리지는 않으신다. 또한 하느님의 아드님이신 예수님께서는 당신이 선택하신 사도들이 수난의 시간에 당신을 저버렸음에도 불구하고 내치지 않으시고, 부활 후에 그들을 다시 부르신다. 이와 마찬가지로 하느님께서는 세례를 통해서 당신 자녀로 선택하신 사람들을 끝까지 돌보신다. 비록 인간이 잘못 판단하여 당신께 등을 돌리더라도 사랑의 눈길을 거두지 않으시는 것이다. 인호는 바로 이런 사실을 알려 주는 영적 표시다. 따라서 인호가 각인되는 세 가지 성사, 곧 세례·견진·성품성사는 반복해서 받을 수 없다.

## 유아도 세례성사를 받을 수 있다

신약 성경에서 언급되는 세례는 전부 성인成人 세례다. 하지만 "온 집안"(사도 16,15), "온 가족"(사도 16,33), "집안 사람들"(1코린 1,16)이 세례를 받았다는 성경 구절에서 어린아이도 세례를 받았다는 것을 추론할 수 있다. 온 가족에는 어린아이도 포함되기 때문이다. 히폴리토(170~235년경) 성인이 쓴 《사도 전승》 21장에는 유아세례에 대한 명시적인 언급이 나온다. "너희는 어린이들에게 먼저 세례를 베풀 것이다. 말할 수 있는 사람은 모두 스스로 대답할 것이고, 말할 수 없는 (어린이의 경우에는) 부모나 그들 가족 중에 한 사람이 그들 대신 대답할 것이다. 그다음 남자들에게 세례를 주고, 그다음 여자들에게 세례를 주는데……."[3]

교회 초기에는 성인 세례가 대부분이었지만, 세월이 흐르면서 상황이 달라진다. 그리스도교가 유럽 전역에 전파되어 거의 모든 사람이 세례를 받게 되자 유아 세례가 주류를 이루고 성인이 세례를 받는 경우는 드물게 된 것이다. 반면에 우리나라와 같은 전교 지역은 성인 세례가 대부분이다.

성인 세례와 유아 세례는 서로 어떤 차이가 있을까? 세례 은총에서는 차이가 없지만, 신앙의 수용과 고백이라는 측면에서는 차이가 난다. 유아 세례에서는 세례받는 아이가 직접 신앙을 고백하지 못하기 때문에 부모나 대부모가 그를 대신해서 신앙을 고백한다. 이 고백은 아이가 신앙을 키워 가도록 돕겠다는 약속이기도 하다. 이런 의미에서 유아 세례는 아이에게 신앙을 심어 주고 자라게 하는 출발점인 셈이다. 어른의 경우에는 먼저 신앙 고백을 하고 세례를 받지만, 아이의 경우에는 부모와 대부모의 신앙 고백으로 세례를 받게 된다. 유아 세례를 받은 아이가 자라나서 나중에 스스로 신앙 고백을 하는 때가 있는데, 그것이 바로 견진성사다.

그렇다면 무조건 유아에게 세례를 줄 것이 아니라 그 아이가 어느 정도 자란 다음에 스스로 판단해서 세례를 받게 하는 것이 더 바람직하지 않느냐는 생각이 들 수 있다. 실상 우리 주위에는 유아 세례가 '아이에게 신앙의 자유를 빼앗고 속박한다'고 여기는 이들이 종종 있다. 그들은 아이가 성년이 된 다음에 부모의 강요 없이 스스로 선택할 수 있도록 해야 한다고 주장하기도 한다. 이 주장은 어린 자녀의 자유를 존중하는 매우 합리적인 것으로 보인다.

하지만 유아 세례가 신앙의 자유를 빼앗는다거나 부당한 조작이라는 주장에는 부모의 가치관이 개입되어 있다. 엄밀히 따지면 이 주장에 '신앙은 중요하지 않다.'라는 부모의 확신이 숨어 있다. 교육이 아이에게 꼭 필요하다고 믿기 때문에 아이의 의사를 묻지 않고 학교에 보내는 부모에게 강제적이라거나 자유를 박탈한다고 비난하는 사람은 없을 것이다. 그렇다면 인생에 관한 올바른 가치관을 가르치고 영원한 삶으로 인도하는 신앙의 문을 열어 주는 유아 세례를 강제적이라거나 부당하다고 할 수 있을까?

문제의 핵심은 부모가 그리스도교 신앙을 그 무엇과도 바꿀 수 없는 소중한 진리로 확신하느냐는 것이다. 부모가 스스로 신앙을 정말 귀중하고 소중하다고 여긴다면 사랑하는 자녀에게 가능한 한 일찍 그것을 주려고 애쓰지 않을까?

한 어머니의 고백에서 이를 확인할 수 있다. "우리는 아이들을 부모로서 양육하며, 아이에게 (지금) 먹기를 원하는지 묻지 않는다. 학교 교육, 세상에 진출하는 문제에 있어 그들에게 최상의 것을 주고자 한다. 그렇지 않다면, 우리는 아이들에게 무관심한 사람들일 것이다. 만일 내가 세례를 거부하거나 미룰 수 있다고 생각할 때, 내 마음속에서 고통을 느낀다. 내 아이에게 제일 좋은 것을 거부한다는 것은 정말 무서운 일일 것이다."[4]

사람은 태어나면서부터 긍정적이든 부정적이든 다른 사람의 영향을 받으면서 살아간다. 그런데 세상에는 하느님을 믿고 이웃을 사랑하기보다는 그 반대의 경향, 다시 말해 인간을 죄로 유혹하는 악의 세력이 강력하게 작용한다. 이런 사실을 아는 부모라면 자녀가 악의 세력에 저항하여 하느님의 뜻에 따라 살 수 있는 힘을 기르도록 돕지 않을까? 신앙의 소중함을 깨닫고 체험한 부모라면 당연히 자녀가 가능한 한 일찍부터 세례성사를 받아 신앙의 길을 걷도록 인도할 것이다.

## 개신교에서 받은 세례는?

가톨릭 교회는 원칙적으로 개신교에서 받은 세례가 유효하다고 인정한다. 과거에는 개신교에서 세례를 받은 개종자는 세례의 요건을 채우지 못한 경우가 있을까 염려해서 '조건부'로 세례를 주는 관습이 있었다. 하지만 현재 교회법은 그 관습을 폐지하면서 이렇게 규정하고 있다. "비非가톨릭 교회 공동체에서 세례받은 이들은 조건부로 세례받지 아니하여야 한다. 다만 그 세례 수여 때에 사용한 재료(질료)와 말의 형식을 조사하고 또한 세례받은 어른 본인과 세례 준 교역자의 의향을 검토한 후 세례의 유효성에 대하여 의심할 만한 중대한 이유가 있으면 그러하지 아니하다."(《교회법전》제869조 2항)

현재 한국 가톨릭 교회에서는 성공회 성직자가 집전한 세례만 유효한 것으로 인정한다. 왜냐하면 성공회 이외의 기타 개신교 교파의 교역자가 집전한 세례는 세례 형식의 결여 등으로 그 유효성이 의심되는 경우가 많기 때문이다. 그래서 한국 가톨릭 교회는 다음과 같은 규정을 두었다. "개신교 신자가 가톨릭 교회로 올 경우에 유효한 절차에 따라 개신교에서 세례를 받았는지를 확인해야 한다. 물로써 씻김을 받거나, 침례식이거나 간에 '성부와 성자와 성령의 이름으로' 세례를 받앗어야 한다. 한국에서는 개신교 교파에 따라 세례가 다를 수 있으며, 또한 세례를 받았다는 것을 서류로 증명하기 어려우며, 신자 자신도 자신이 어떻게 세례를 받았는지를 모르는 경우가 많다. 이렇게 불확실한 상황에서는 '만일 그의 세례가 불확실하거나 유효하지 못하다면'이라는 전제 조건을 붙여서 세례를 준다."(《한국 천주교 사목 지침서》 제59조)

가톨릭 교회는 개신교와 갈라진 사이지만, 세례를 통해 어느 정도 '일치의 끈'이 남아 있음을 인정한다. "세례는 세례를 통하여 새로 태어난 모든 사람을 묶어 주는 일치의 성사적 끈이 된다."(《일치 교령》 22항) 하지만 세례를 통한 일치는 아직 시작 단계일 뿐이다. 온전한 일치는 신앙 고백이 일치할 때 이루어진다. 개신교와는 아직 신앙 고백의 일치에까지 이르지 못했기에, 가톨릭 교회는 개신교의 세례를 인정하더라도 영성체는 허용하지 않고 있다. 성체성사는 일치의 표징인데, 온

전한 일치가 이루어지지 않은 상태에서 영성체를 허용하는 것은 온당하지 않다는 이유에서다.

예외적으로 개신교를 비롯한 비非가톨릭 그리스도교 신자들에게 영성체를 허용하는 경우가 있다. 우선 그들의 교역자에게 갈 수 없고, 이 성사를 자진해서 청해야 한다. 그리고 그들이 이 성사에 대하여 가톨릭적 신앙을 표명하고 올바로 준비해야 한다. 또는 죽을 위험이 있거나, 교구장이나 주교회의의 판단에 따라 다른 중대한 필요성이 있는 경우여야 한다(《교회법전》, 제844조 4항 참조). 이 규정에 따라 현재 한국에서는 떼제 공동체와 예수의 작은 자매회의 비가톨릭 그리스도인 회원에게 영성체를 허락하고 있다.

## | 세례성사의 은총은 우리 존재의 '밑짐'과 같다

세례성사의 은총은 풍요롭다. 세례를 받은 사람은 예수 그리스도와 하나가 되어 하느님의 자녀로 새롭게 태어나고, 원죄와 본죄를 용서받으며, 성령의 성전이 되고, 그리스도의 몸인 교회의 일원이 된다. 또한 하느님 자녀로 선택된 것은 결코 취소되지 않는다는 징표로 세례 인호를 받는다. 이러한 세례성사의 풍요로운 은총을 자주 되새긴다면 신앙인으로 살아가는 데에 필요한 힘과 용기를 얻을 것이다.

옛사람들은 배 밑바닥에 '밑짐'이라고 부르는, 일정한 무게의 짐을 항상 실어 두었다고 한다. 밑짐이 든든한 배는 풍랑을 만나 흔들리더라도 바로 무게 중심을 잡고 앞으로 나갈 수 있기 때문이었다. 세례성사의 은총은 '밑짐'과 같다. 하느님께서 나를 사랑의 눈길로 바라보고 계신다는 사실, 비록 내가 부족하고 허물이 커도 결코 그 눈길을 거두지 않으신다는 사실을 마음속에 간직하고 산다면, 거센 풍랑과 같은 세파를 잘 극복하면서 하느님 나라로 나아갈 수 있다. 그렇기에 세례성사는 참으로 소중한 영적 보물이다. 인생 여정에서 지쳐 주저앉고 싶을 때마다 '나는 세례를 받았다. 나는 하느님의 사랑받는 자녀다.'라고 되새긴다면, '허리를 펴고 머리를 들고'(루카 21,28 참조) 꿋꿋하게 앞으로 나아갈 수 있을 것이다.

견진성사

# 견진성사

사람은 태어날 때부터 사람이지만, 동시에 더 성숙한 사람으로 성장해야 할 과제를 지니고 살아간다. 신앙생활도 마찬가지다. 세례와 함께 시작된 신앙은 더 성숙한 신앙으로 자라나야 한다. 신앙이 더 깊어지고 굳건해지도록 도와주는 성사가 바로 견진성사다. 견진성사는 통상적으로 주교의 집전으로 미사 중에 거행된다. 견진성사의 핵심은 주교의 안수와 크리스마(축성) 성유聖油의 도유다. 이를 통해 우리는 성령의 특별한 은총을 선사받는다.

## 견진성사는 세례성사와 밀접히 연결되어 있다

견진성사가 전해 주는 성령의 은총은 무엇보다도 세례를 인준하고 세례의 은총을 굳건하게 하는 것이다. 견진堅振, 곧 굳을 견堅, 떨칠 진振이라는 뜻을 지닌 한자가 암시하듯이 견진성사는 세례성사의 은총을 굳건하게 해 주고 활성화한다. 이런 점은 《가톨릭 교회 교리서》의 세례성사와 견진성사를 비교하는 부분에서 분명하게 드러난다.

《가톨릭 교회 교리서》 1279항에서는 세례성사의 은총에 관해 다음과 같이 설명한다. "세례의 효과 또는 세례의 은총은 풍요로운 것이다. 이 은총으로 세례받은 사람은 원죄와 모든 본죄를 용서받고, 성부의 양자, 그리스도의 지체, 성령의 성전이 되어 새롭게 태어난다. 그 결과 그리스도의 몸인 교회와 한 몸이 되고, 그리스도의 사제직에 참여한다."

《가톨릭 교회 교리서》 1303항은 견진성사가 세례

성사의 은총을 "증가시키고 심화시킨다."라고 말한다. 1316항에서는 이에 대한 좀 더 상세한 설명이 나온다. "견진성사는 세례성사의 은총을 완성한다. 견진성사는 하느님의 자녀로서 더 깊이 뿌리내리게 하고, 그리스도와 더 굳게 결합시키며, 교회와 유대를 더욱 튼튼하게 하고, 교회의 사명에 더욱 깊이 참여하게 하며, 실천이 따르는 말로써 그리스도교 신앙을 증언하도록 돕는 성사이다."

이렇게 견진성사는, 세례성사를 받고 새로운 삶으로 태어난 신자들이 신앙적으로 굳건해지고 성숙해지도록 돕는 성사이기 때문에 '그리스도인의 성숙을 위한 성사'라고도 부른다.

## 세례성사와 견진성사가 밀접하게 연결된 이유는 무엇일까?

세례성사와 견진성사가 밀접히 연관된 데에는 역사

적 배경이 있다. 교회 초창기에는 견진성사가 세례와 함께 거행되었다. 이는 200년 전후의 로마 교회 공동체의 신앙생활상을 전해 주는 히폴리토 성인(170~235년경)의 《사도 전승》에서 확인할 수 있다.

그 당시에는 3년간의 철저한 준비 과정을 거친 이들에게 부활 성야에 성대하게 세례성사를 베풀었다.[5] 왜 이렇게 오래 준비했을까? 그리스도교는 313년에 로마 제국의 콘스탄티누스 황제의 공인을 받기 전까지는 박해받는 상황에 있었기 때문에 그리스도교 신자가 되려면 목숨을 바칠 각오를 해야 했다. 이런 이유에서 철저한 준비 과정을 거친 사람만 세례를 받을 수 있었다. 세례는 다음과 같은 순서로 진행되었다.

* 예비 신자 교육을 마친 이들은 세례받기 전날에 정해진 장소에 모이고, 주교는 악령이 그들을 떠나 되돌아오지 못하도록 구마식을 거행한다. 이들은 밤새

깨어 있으면서 성경 말씀을 듣고 가르침을 받는다. 당시에는 교회의 규모가 작아서 주교 한 사람이 한 지역 공동체를 맡아 사목했고, 신부들은 주교를 도와주는 협조자였다.

* 닭이 울 새벽 시각에 주교는 세례수를 축성하고, 세례받을 사람들은 옷을 벗는다. 왜냐하면 당시에는 온몸을 물속에 담그는 침례를 받았기 때문이다.
* 주교는 세례자들을 위해 사용할 '구마의 기름'과 '감사의 기름'을 축성한다.
* 세례받을 사람이 각자 마귀를 끊어 버리겠느냐는 물음에 그렇다고 대답을 하면, 부제는 그에게 '구마의 기름'(오늘날 '예비 신자 성유'에 해당한다)을 발라 준다.
* 이들은 자신에게 세례를 줄 신부의 인도에 따라 함께 물에 들어간다.
* 신부는 순차적으로 성부·성자·성령을 믿느냐고 묻고, 그때마다 세례 지원자는 "저는 믿나이다."라고

대답한다. 대답이 끝날 때마다 몸을 물속에 담그거나 머리에 물을 뿌린다.
* 신부는 침례가 끝난 사람에게 기름을 발라 주고 옷을 입게 한 다음 성당 안으로 들어가게 한다.
* 주교는 세례를 받고 성당에 들어온 이들에게 안수하고, 성유로 이마에 십자 표시를 한 다음에 평화의 인사를 나눈다. 이어서 성찬 전례가 계속된다.

침례를 받은 다음에 성당에서 주교에게 두 번째 도유와 안수를 받으면 세례성사가 완결된다. 그런데 이 부분이 시간이 지나면서 분리된다. 선교 활동이 왕성해져 본당이 늘어나자 주교가 본당에서 거행되는 모든 세례성사를 집전할 수가 없었다. 점차 본당 신부가 세례성사를 집전하게 되고 마지막 부분인 두 번째 도유와 안수는 나중에 주교가 본당을 방문할 때 거행되었다. 그러다가 이 부분이 별도의 예식으로 분리되어 견진성사가 되었다. 따라서 두 성사는 마치 이란성 쌍둥이처럼 아주 밀접하게 연관되어 있다고 할 수 있다.

이런 역사적 배경에서 《가톨릭 교회 교리서》는 세례·견진·성체성사가 긴밀하게 연관되어 있음을 강조한다. "세례성사, 성체성사와 함께 견진성사는 '그리스도교 입문 성사'의 성사이며, 이 입문성사들의 단일성은 지켜져야 한다."(1285항) 이 단일성을 표현하기 위해서 견진 예식 중에 세례 서약이 갱신되고, 미사 중에 견진성사가 집전된다.

## 견진성사는 우리가 굳건한 신앙인으로 성장하도록 도와준다

견진성사는 세례성사의 은총을 더욱 풍성하게 하고 굳건하게 한다. 그러면 견진성사의 특별한 은총은 무엇일까? 《가톨릭 교회 교리서》에서는 견진성사의 은총을 이렇게 설명한다. 견진성사는 "성령의 특별한 힘을 받아 그리스도의 참된 증인으로서 말과 행동으로 신앙을 전파하고 옹호하며, 그리스도의 이름을 용감히 고백하고 십자가를 부끄럽게 여기지 않도록 해 준다."(1303항) 물론 우리는 세례성사를 통해 신앙을 공개적으로 고백하고 선교 활동에 참여하는 은총을 받는데, 견진성사는 성령의 능력으로 이 은총을 더욱 키우고 견고하게 한다.

성령은 특별한 은총을 주시어 한 사람이 그리스도의 참된 증인이 되게 하고 그리스도를 용감하게 고백하도록 도와주신다. 이는 예수님의 제자들에게서 잘 드러난다. 그들은 스승의 가르침을 받았지만 이해하지 못했다. 예수님의 이런 제자들에게 성령을 약속하시면서 성령이 오시면 모든 것을 알 수 있다고 말씀하신다. "내가 너희에게 할 말이 아직도 많지만 너희가 지금은 그것을 감당하지 못한다. 그러나 그분 곧 진리의 영께서 오시면 너희를 모든 진리 안으로 이끌어 주실 것이다."(요한 16,12-13) 이처럼 우리도 제자들처럼 성령의 도움으로 예수님의 말씀을 더 깊이 깨닫게 되어 그분의 참된 증인이 될 수 있다.

또한 성령은 예수님을 구세주로 용감하게 선포할 수 있도록 두려움을 극복하는 은총도 주신다. 예수님의 제자들은 스승을 끝까지 따르겠다고 했으나 막상 그분이 체포될 위험이 닥치자 두려움에 사로잡혀 모두 도망쳐 버린다. 제자들 중의 으뜸인 베드로조차 궁지에 몰리게 되자 예수님을 세 번이나 배반한다(마르 14,66-72 참조). 예수님께서 부활하신 후에도 제자들은 세상에 대한 두려움을 다 떨쳐 버리지 못한다. 그들은 유다인들이 무서워서 문을 모두 잠가 놓고 있었다(요한 20,19 참조). 그런 '겁쟁이' 제자들이 성령을 받고 나서는 두려움을 떨쳐 버리고, 십자가에 못 박히신 예수님을 구세주로 선포한다(사도 2장 참조). 오늘날에도 성령은 우리가 복음의 진리를 깨닫고, 깨달은 바를 두려움 없이 선포

견진성사

할 수 있도록 특별한 은총으로 도와주신다. 그리고 그 은총은 견진성사를 통해 전해진다.

세례와 견진 그리고 성체성사는 그리스도교의 입문 성사로서, 견진성사는 세례의 은총을 완성한다. 그러므로 견진성사를 받지 않으면 그리스도교의 입문이 미완성 상태로 남아 있다고 할 수 있다. 이처럼 견진성사는 그리스도교의 입문이 완성되기 위해서, 다른 말로 하면 우리의 신앙이 성숙해지기 위해서 반드시 받아야 하는 성사다.

성숙한 신앙인은 어떤 사람일까? 바오로 사도는 신앙인에게 가장 중요한 것 세 가지를 꼽는다. "믿음과 희망과 사랑 이 세 가지는 계속됩니다. 그 가운데에서 으뜸은 사랑입니다."(1코린 13,13) 성숙한 신앙인이란, 이 셋을 잘 실천하는 사람, 곧 하느님에 대한 굳건한 믿음을 간직하고, 그 믿음을 바탕으로 한결같은 희망을 지니면서 성실하게 사랑을 실천하는 사람이다.

견진성사는 우리가 이런 성숙한 신앙인이 될 수 있도록 성령의 특별한 은총을 선물로 전해 준다. 이 은총으로 변화된 신앙인이 많아질 때 교회도 영적으로 성숙하게 되어 '세상의 빛과 소금'(마태 5,13-16 참조)의 역할을 충실하게 수행할 수 있을 것이다. 견진성사의 은총으로 믿음과 희망, 그리고 사랑으로 무장된 신앙인들이 많아지면 좋겠다.

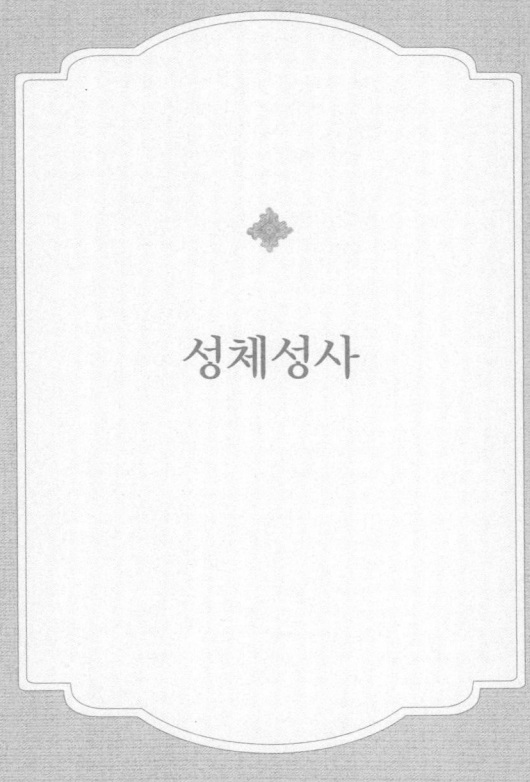

성체성사

# 성체성사

성체성사는 "그리스도교 생활 전체의 원천이며 정점"(〈교회 헌장〉 11항)으로서 가톨릭 신자들의 신앙생활에서 중심을 차지하는 성사다. 다른 모든 성사는 이 성체성사와 연결되어 있고 성체성사를 지향하고 있다.

세례성사를 받으면 성체성사에 참여할 자격을 얻는다. 견진성사는 성체 안에 계신 주님과의 일치 그리고 그분의 몸인 교회와의 일치를 강화한다. 고해성사는 큰 죄를 지어서 영성체할 수 없는 상태에 있는 신자에게 죄를 용서받고 다시 성체를 영할 수 있게 해 준다. 병자성사를 통해 병자는 병자 성유의 도유와 영성체를 통해 병고를 이길 힘을 얻는다. 혼인성사에서 부부는 예수님처럼 헌신적으로 사랑하겠다고 약속하면서 그분의 도움을 청한다. 그래서 혼인성사는 일반적으로 예수님께서 현존하시는 미사 중에 거행된다. 성품성사를 받은 사제는 성체성사를 거행할 권한을 지닌다.

성체성사는 성찬례 또는 미사라고도 한다. 미사의 성찬 전례 중에 빵이 축성되어 예수님의 거룩한 몸, 곧 성체聖體로 변화하고, 포도주가 축성되어 예수님의 거룩한 피, 곧 성혈聖血로 변화하기 때문에 미사를 성체성사라고 한다.

## | 성체성사는 최고의 영적 양식이다

인간은 음식을 먹고 마셔야만 생명을 유지하고 성장할 수 있다. 영적 생명도 마찬가지다. 세례성사를 받아 그리스도 안에서 하느님의 자녀로 새로 태어난 사람은 영적인 음식을 먹어야 영적으로 양육되고 성장할 수 있다.

영적 음식은 여러 가지가 있지만, 그중에서 가장 좋은 것이 성체다. 제2차 바티칸 공의회의 문헌인 〈전례헌장〉에 따르면, "성찬례에서, 마치 샘에서처럼, 은총이 우리에게 흘러든다"(10항). 그 은총이란 헌신적이고 희생적인 사랑으로 우리에게 오시는 예수님 자신이다. 어린아이가 부모의 사랑을 받으면서 무럭무럭 자라나듯이 가톨릭 신자들은 빵의 형상 안에 계신 예수님께서 주시는 헌신적이고 희생적인 사랑의 힘으로 영적으로 양육되고 성장한다.

그런데 아쉽게도 그저 의무감으로 미사에 참례하는 이들이 적지 않다. '이유 없이 주일 미사에 빠지면 고해성사를 봐야 하니까 얼른 미사만 참례하고 오자.'라고 생각하는 신자들이 많다. 미사에 담긴 풍부한 은총을 깨닫고 체험하지 못하기 때문에 이런 안타까운 현상이 나타나는 것 아닐까? 성체가 얼마나 소중한 영적 양식인지를 이해하고 미사를 통해 풍성하게 주어지는 은총을 깨닫고 체험한다면 기쁘고 활기찬 신앙생활을 할 수 있다.

### | 성체성사는 감사의 제사다

미사는 예수님의 최후의 만찬에서 유래한다. 최후의 만찬은 예수님께서 돌아가시기 전날 밤에 제자들과 함께하신 마지막 식사를 말한다. 이 최후의 만찬은 또한 파스카(과월절) 만찬이기도 했다. 파스카 만찬이란 이집트 탈출을 기념하는 식사다. 하느님께서는 이집트에서 종살이하던 이스라엘 백성을 모세의 영도하에 해방하여 주셨는데, 이스라엘 백성은 해마다 그날이 되면 이집트에서 탈출하게 해 주신 구원의 하느님을 기억하고 찬양하며 감사드리는 만찬을 거행했다. 이것이 바로 파스카 만찬이다.

미사의 기원이 되는 최후의 만찬은 이스라엘 백성이 이집트의 종살이에서 벗어나도록 해 주신 구원의 하느님을 기억하고 감사하는 파스카 만찬의 형식으로 진행되었다. 예수님께서는 최후의 만찬에서 하느님께서 이스라엘 백성에게 베푸신 자비에 감사드리면서, 빵과 포도주를 통해 곧 다가올 당신의 십자가 죽음이 하느님 백성의 구원을 위한 것임을 알려 주셨다. 그분은 수난과 죽음이 다가온 절박한 상황에서도 구원의 하느님께 감사드리면서 자신의 고통스러운 십자가 죽음을 인간의 구원을 위해 봉헌하신 것이다.

예수님께서는 최후의 만찬에서 "너희는 나를 기억하여 이를 행하여라."(루카 22,19) 하고 명하셨다. 그 명에 따라 우리는 미사 때마다 예수님의 십자가 희생을 기억하고 감사드린다. 그래서 1세기 말엽부터 사람들은 미사를 에우카리스티아eucharistia, 곧 '감사제感謝祭'라고 불렀다. 교회 공동체는 미사 중에 하느님께서 사랑으로 세상을 창조하시고, 당신 아들을 통해 우리 죄인들을 구원해 주신 것, 성령을 보내시어 우리를 거룩하게 해 주신 것을 기념하면서 감사드린다.

교회 전체와 신자들 개개인은 하느님의 크신 은혜에 힘입어 살아가고 있다. 감사의 제사인 미사에 매 주일 참례하는 신자라면, 평소의 삶에서도 감사하는 사람이 되어야 할 것이다.

어떤 수도자는 한 달간 병원에서 환자들에게 관장하는 것을 도와주었는데 그 일을 마치고서 이렇게 고백했다고 한다. "누구의 부축도 없이 혼자 힘으로 화장실에 가서 일을 볼 수 있는 것만 해도 하느님의 축복입니다." 우리 또한 이 수도자처럼 평소에 당연시하던 것이 사실은 하느님의 축복이며 은혜임을 깨닫고 진정으로 감사드리면서 기쁘게 생활하면 좋겠다. 그러면 감사의 제사인 '미사를 살아가는 신앙인'이 되는 것이다.

많이 감사할 줄 알면, 많이 기뻐하고 행복할 수 있다. 세례를 받은 신자는 누구나 복음, 즉 기쁜 소식을 선포해야 할 사명을 지닌다. 그런데 기쁜 소식을 전하는 사람이 얼굴을 찡그리고 어두운 표정을 짓는다면, 누가 그 말을 믿을까? 매 주일 감사의 제사인 미사에 참여하는 신앙인은 바오로 사도의 권고에 따라 감사하면서 기쁘게 살도록 노력해야 할 것이다.

"언제나 기뻐하십시오. 끊임없이 기도하십시오. 모든 일에 감사하십시오. 이것이 그리스도 예수님 안에서 살아가는 여러분에게 바라시는 하느님의 뜻입니다."(1테살 5,16-18)

## 성체성사에는 부활하신 주님께서 현존하신다

최후의 만찬에서 예수님께서는 빵을 쪼개어 주시면서 "이는 내 몸이다."(마르 14,22), 또한 포도주가 든 잔을 주시면서 "내 계약의 피다."(마르 14,24)라고 말씀하셨다. 그러므로 미사 때 사제가 축성한 빵과 포도주는 그냥 빵과 포도주로 머무는 것이 아니라 예수님의 몸과 피로 변화된다. 미사 중에 축성된 빵과 포도주 안에 예수님께서 현존하시고, 그 현존의 힘으로 빵과 포도주는 변화되어 그분의 몸과 피가 되는 것이다. 이를 거룩한 변화, 곧 성변화聖變化라고 하는데, 가톨릭 교회는 이 변화를 실체 변화實體變化라고 표현한다.

실체 변화라는 용어는 12세기에 당시에 통용되던 철학적 개념을 바탕으로 형성된 것이다.[6] 당시의 철학에서는 한 사물은 실체實體와 우유偶有로 구성되어 있다고 생각했다. 실체란 한 사물의 본질로서 눈으로 보거나 손으로 만져서는 알 수 없고 단지 정신으로만 알아볼 수 있다. 우유란 한 사물의 겉모양으로서, 이는 색깔, 냄새, 무게 등을 지니고 있기에 감각을 통해서 알 수 있다. 이런 철학적 개념을 이용해서 빵의 우유, 즉 그 겉모습은 변하지 않지만, 빵의 보이지 않는 본질인 실체는 그리스도의 몸으로 변한다는 실체 변화라는 용어가 생겨난 것이다.

실체 변화라는 용어가 실체와 우유라는 철학적 개념

때문에 다소 어렵게 여겨질 수 있다. 그러나 우리의 실생활에서 드러나는 예를 통해서 보면 그것이 의미하는 바를 이해하기가 한결 쉬워진다. 어떤 사람이 꽃집에서 장미 한 송이를 사서 사랑하는 사람에게 선물로 준 경우 그 장미는 특별한 의미를 지니게 된다. 장미를 선물하면서 자신의 마음을, 어떤 의미에서는 바로 자기 자신을 선물하는 것이기 때문에 장미는 단순한 꽃이 아닌 귀중한 표징으로 변한다.

미사 때 축성의 말씀으로 이루어지는 빵과 포도주의 변화도 이와 비슷하게 생각할 수 있다. 예수님께서는 빵과 포도주를 통해서 우리의 구원을 위해 십자가에서 피를 흘리신 당신 자신을 선사하신다. 그러므로 빵과 포도주는 그 이상의 것이 된다. 물론 축성 후에도 빵과 포도주의 겉모습은 그대로 남아 있다. 사랑하는 사람이 선물해 준 장미가 본래의 모습 그대로 남아 있듯이 말이다. 그러나 그 선물을 받은 사람에게 장미는 보통의 장미가 아니라 그 이상의 것, 사랑을 담은 표징이 된다. 이와 비슷하게 미사에서 축성된 빵과 포도주도 그냥 빵과 포도주가 아니라 우리를 위해 돌아가시고 부활하신 그리스도의 표징, 곧 그분 자신을 담은 표징이 된다.

빵이 예수님의 몸으로, 포도주가 예수님의 피로 변화되는 것은 우리의 생각이나 상상으로 이루어지는 것이 아니라 하느님의 영, 즉 성령에 의한 것이다. 성령은 인간의 상상을 뛰어넘는 변화를 이루신다. 창세기 1장 2절에 보면 세상이 창조될 때 하느님의 영이 함께하셨다. 성령은 아무것도 없는 데에서 세상 만물이 생겨나게 한 창조의 영이다. 창세기 2장 7절에는 "하느님께서 흙의 먼지로 사람을 빚으시고, 그 코에 생명의 숨을 불어넣으시니, 사람이 생명체가 되었다"는 구절이 있다. 또한 에제키엘서에서는 하느님 영의 능력으로 "마른 뼈들"(에제 37,4)이 새 생명을 얻게 되었다. 창조의 영인 성령은 생명의 영이기도 하다.

이렇게 창조와 생명의 영인 성령이 미사 중에 임하시어 빵과 포도주를 예수님의 몸과 피로 변화시켜 주신다. 무에서 유를 창조하신 성령이라면 이미 존재하는 것을 다른 것으로 변화시키는 능력도 분명 지니고 계실 것이다. 그래서 미사 중에 사제는 성체를 축성하기 전에 항상 아버지 하느님께 성령을 보내 주시기를 청원한다. "거룩하신 아버지, 아버지께서는 모든 거룩함의 샘이시옵니다. 간구하오니, 성령의 힘으로 이 예물을 거룩하게 하시고 우리 주 예수 그리스도의 몸과 피가 되게 하소서."(성찬기도 제2양식) 성령의 놀라운 능력을 믿는 사람이라면 빵과 포도주가 예수님의 몸과 피로 변하는 거룩한 변화를 믿을 수 있다.

성령의 능력으로 이루어지는 실체 변화는 큰 신비이기 때문에 우리의 지성으로 완전히 이해할 수는 없다. 단지 지성을 통해 신비에 접근할 수 있는 실마리를 얻을 수 있을 뿐이다. 실체 변화는 성령이 이루시는 신비라서 말로 다 표현하는 것은 불가능하고 궁극적으로는 믿음으로 받아들여야 한다.

우리는 성체를 영하기 전에 이 믿음을 분명하게 고백한다. 사제가 성체를 들어 보이면서 "그리스도의 몸"이라고 하면 신자는 "아멘" 하고 대답하는데, 아멘은 히브리어로 "참으로 그렇습니다."라는 뜻이다. 그러므로 "아멘"이라는 대답은, 눈에 보이기는 작은 밀떡이지만 실상은 예수님의 몸임을 인정하는 일종의 신앙 고백이다. 영성체 전에 또렷한 목소리로 "아멘" 하며 성체에 대한 신앙을 분명하게 고백하면 좋겠다.

## | 성체성사는 희생 제사다

성체성사가 제정된 최후의 만찬에서 예수님께서는 제자들에게 빵을 떼어 주시면서 "이는 너희를 위하여 내어 주는 내 몸이다."(루카 22,19)라고 말씀하신다. 또한 포도주가 담긴 잔을 건네시면서 "이 잔은 너희를 위하여 흘리는 내 피로 맺는 새 계약이다."(루카 22,20)라고 말씀하신다. 마태오 복음에서는 이 잔이 죄인들의 용서를 위한 것임이 드러난다. "이는 죄를 용서해 주려고 많은 사람을 위하여 흘리는 내 계약의 피다."(마태 26,28)

예수님께서는 말씀을 통해 당신이 십자가에서 못 박혀서 빵처럼 찢기고 붉은 포도주 같은 피를 쏟을 것임을 암시하신다. 예수님께서 사용하신 아람어에서 몸이란 단지 살덩어리가 아니라 바로 자기 자신을 뜻하고, 몸을 내어 준다는 것은 남을 위해 전적으로 헌신한다는 뜻이다. 또한 피는 몸속에 흐르는 혈액만을 일컫는 것이 아니라 자신을 뜻한다. 피를 흘린다는 것은 극도에 이르기까지, 곧 죽음에까지 이르기까지 자신을 내어놓는다는 것을 의미한다. 이로써 예수님께서는 당신의 십자가상 죽음이 모든 이를 위한 헌신의 죽음이자 희생 제사임을 알려 주신 것이다.

예수님께서는 당신의 십자가상 헌신과 희생의 죽음이 교회를 통해 기억되기를 원하셨다. 그래서 최후의 만찬에서 "너희는 나를 기억하여 이를 행하여라."(루카 22,19)라는 말씀을 남기셨다. 교회는 예수님의 말씀에 따라 그분의 십자가상 희생을 기억하면서 성체성사를 거행해 왔다. 성체성사는 십자가상 희생 제사를 기념하고 '재현再現'하는 예식으로서, 이를 통해 우리는 예수님의 십자가 희생 제사의 효과를 나누어 받는다. 그래서 트리엔트 공의회는 이렇게 말한다. 미사에서는 "십자가 위에서 단 한 번 이루어진 피의 제사가 재현될 것이며, 그 기념이 세상 끝 날까지 계속될 것이고, 그 구원적 효과는 우리가 날마다 저지르는 죄의 용서에 적용될 것이었다"(《가톨릭 교회 교리서》 1366항).

성체 안에 현존하시는 예수님께서는 당신의 십자가상 희생 제사의 은혜를 우리에게 나누어 주시는 동시에 우리도 당신처럼 헌신하고 희생하도록 부르신다(요한 13,14-17 참조). 우리는 이 부르심에 기꺼이 응답하여 헌신하고 희생하는 사람이 되도록 노력해야 한다. 이렇게 성찬례 중에 교회는 예수님의 헌신과 희생을 기념하면서, 이에 능동적으로 응답하여 자신도 헌신하고 희생할 것을 다짐한다. 이런 의미에서 성체성사는 교회가 바치는 희생 제사이기도 하다. 그래서 미사의 감사기도 제3양식은 이를 반영하여 "주님, 교회가 바치는 이 제사를 굽어보소서. 이는 주님 뜻에 맞갖은 희생 제물이오니……"라고 기도한다.

교회 공동체는 많은 이들의 희생을 밑거름으로 유지되고 성장한다. 하지만 사람들은 현대의 급격한 개인주의화 경향 속에서 희생하는 것을 싫어한다. 비폭력적 저항 운동으로 인도의 독립을 이룩한 마하트마 간디(1869~1948년)는 나라를 망치는 일곱 가지 죄악 중의 하나로 '희생 없는 신앙'을 꼽았다. 간디는 이를 통해 신앙인들이 겉으로만 희생의 미덕을 찬양할 뿐 자기희생을 실천하지 않는 위선을 꾸짖은 것이다. 자신을 온전히 바치신 예수님을 매 주일 또는 매일 미사 중에 우리 안에 모시면서 정작 우리 자신은 작은 희생조차 꺼린다면, 위선적인 신앙생활을 한다는 비판을 면치 못할 것이다. 가톨릭 신자라면 미사 중에 주님의 십자가상 자기 봉헌과 희생에 깊이 감사드리고, 예수님의 말씀을 기억하면서 일상에서 희생을 실천하도록 계속 노력해야 할 것이다. "밀알 하나가 땅에 떨어져 죽지 않으면 한 알 그대로 남고, 죽으면 많은 열매를 맺는다."(요한 12,24)

## | 성체성사는 일치의 표지이다

예수님께서 친히 말씀하신 대로 우리는 미사 중에 성체와 성혈을 영함으로써 그분과 긴밀하게 일치하게 된다. "내 살을 먹고 내 피를 마시는 사람은 내 안에 머무르고, 나도 그 사람 안에 머무른다."(요한 6,56) 세례성사를 통해 이루어진 주님과의 일치가 영성체를 통해서 더욱 굳건해지는 것이다. 주님과 일치하게 되면 그분의 무한한 자비와 사랑이 우리에게 마치 '햇볕'이나 '비'처럼 내려온다(마태 5,45 참조).

주님과의 일치에서 얻는 자비와 사랑은 우리 신앙의 여정에 꼭 필요한 영적인 양식이 된다. 사람은 누구에게든 사랑을 받아야 몸과 마음이 제대로 성장할 수 있다. 육신의 생명은 밥을 먹어야 유지되지만, 영적인 생명은 사랑을 통해서 유지된다. 예수님께서는 성체 안에 현존하시면서 바로 이런 사랑을 풍성하게 우리에게 주신다.

사랑의 성사인 성체성사는 우리가 하느님과 이웃을 사랑하는 길에서 벗어나지 않도록 도와준다. 달리 표현하면, 우리는 성체를 통해 예수 그리스도와 일치되어 그분을 좀 더 닮도록 변화된다. 우리가 예수님을 닮으면, 우리도 그분처럼 하느님 아버지를 오롯하게 공경하고 사랑하는 동시에 이웃들, 특히 약한 사람, 버림받은 사람, 낯선 사람들까지도 사랑하게 된다. 따라서 성체를 통한 그리스도와의 일치는 다른 형제자매들과의 친교와 밀접하게 연결된다.

바오로 사도는 성체성사에서 그리스도와 이루는 일치는 그 성사에 참여하는 신자들과의 일치와 밀접하게 연결되어 있음을 강조한다.

"우리가 축복하는 그 축복의 잔은 그리스도의 피에 동참하는 것이 아닙니까? 우리가 떼는 빵은 그리스도의 몸에 동참하는 것이 아닙니까? 빵이 하나이므로 우리는 여럿일지라도 한 몸입니다. 우리 모두 한 빵을 함께 나누기 때문입니다."(1코린 10,16-17)

이렇게 성체성사와 교회 공동체의 친교는 긴밀하게 연결되어 있기 때문에 바오로 사도는 코린토 교회 신자들이 공동체의 일치와 친교를 돌보지 않는 성찬례 거행은 "주님의 몸과 피에 죄를 짓게"(1코린 11,27) 하는 행동이라고 질타한다.

  영성체를 통한 그리스도와의 일치는 교회 공동체의 친교와 밀접하게 결부되어 있다. 따라서 그리스도와 일치를 원하는 사람은 교회 공동체의 일치와 친교를 무시해서는 안 된다. 바로 이런 이유에서 미사 중에 다른 형제자매들과의 일치와 친교를 도모하는 시간을 갖는다. 예를 들면, 미사 시작 예식에서 자신이 생각과 말과 행위로 다른 이들에게 죄를 많이 지었다고 참회한다. 또한 '보편 지향 기도'를 바치면서 어려운 처지에 있는 이들을 기억하고, '예물 준비'를 하면서 그들을 위해 가진 바를 나눈다. 그리고 영성체 전에는 '주님의 기도'를 바치면서 "저희에게 잘못한 이를 저희가 용서하오니"라고 기도함으로써 서로 용서하겠다고 다짐하고, 평화의 인사를 나누면서 서로에게 주님의 평화를 기원한다.

  성체성사를 통해 이루어진 교회 공동체의 일치와 친

교는 미사가 끝난 후에도 지속되어야 한다. 거룩하게 변화된 빵과 포도주를 먹고 마신 사람은 거룩하게 변화되어 일상의 삶으로 돌아가 이웃을 이해하고 도우며 용서하는 모습을 보여야 한다. 교회가 성체성사를 통해 그리스도와 일치를 이루면서 신자들 서로 친교를 실현하는 공동체로 변화하게 되면 갈등과 분열로 얼룩진 이 세상과는 대조적인 모습을 보여 주게 된다. 세상은 돈, 지역, 학벌, 성별, 이념, 인종 등의 이유로 서로 반목하고 대립하지만, 교회는 성체성사를 통해 다른 모습의 삶, 진정으로 행복한 일치와 화합의 삶을 살아야 한다. 그러면 예루살렘의 첫 신자 공동체처럼 "온 백성에게서 호감을"(사도 2,47) 얻게 될 것이다.

## | 성경 말씀으로 성체성사를 준비하는 신앙인

성사들 중의 으뜸인 성체성사는 풍성한 은총의 샘이다. 교회는 신자들이 성체성사에서 풍성한 은총을 얻도록 최선의 노력을 기울여야 한다. 이를 위해서는 일차적으로 미사를 집전하는 사제가 열과 성의를 다해야 할 것이다. 성실하게 강론을 준비하고, 정성을 다해 미사를 거행할 때 신자들의 마음이 활짝 열려서 하느님의 말씀을 귀 기울여 듣고, 성체 안에 계신 예수님을 가깝게 느낄 수 있을 것이다.

성체성사를 통해 전해지는 풍성한 은총을 체험하기 위해서는 미사를 집전하는 사제의 준비도 중요하지만, 미사에 참석하는 신자들의 준비도 그에 못지않게 중요하다. 이와 관련해서 루카 복음서 24장이 전하는 '엠마오로 가는 두 제자' 이야기는 우리에게 시사하는 바가 크다.

예수님의 십자가 죽음을 보고 크게 낙담한 제자 둘이 예루살렘을 떠나 엠마오로 가고 있었다. 그때 부활하신 예수님께서 낯선 사람의 모습으로 그들에게 다가와 대화를 나누시면서 메시아는 고난을 겪은 후에 영광에 이른다는 것이 이미 성경에 예언되어 있음을 찬찬히 가르쳐 주신다. 그리고 목적지인 엠마오에 이르러서 어느 집에 들어가 빵을 나눌 때 그 나그네가 예수님이시라는 것을 알게 되는데, 그 순간 예수님께서는 사라지신다. 제자들은 예수님과 함께했던 시간을 되돌아보며 이렇게 말한다. "길에서 우리에게 말씀하실 때나 성경을 풀이해 주실 때 속에서 우리 마음이 타오르지 않았던가!"(루카 24,32)

이 이야기에서 낯선 사람의 모습으로 오신 예수님의 성경 뜻풀이 말씀은 '말씀 전례'를 암시한다. 또한 빵을 나누는 것은 '성찬 전례'를 뜻한다. 낯선 사람의 모습으로 오신 주님의 말씀을 경청하면서 마음이 열린 두 제자는 빵을 나누면서 눈이 열려 주님을 알아보게 된 것이다.

오늘날도 미사 중에 성경 말씀을 귀담아듣고 마음이 열리면 성체를 영하면서 주님의 현존을 체험할 수 있다. 미사 전에 15분 정도 준비하기를 권고하고 싶다. 처음 5분은 마음을 가라앉히는 시간을 갖고, 그다음에는 그날의 독서와 복음 말씀을 찬찬히 읽으면서 마음에 새긴다. 그러면 미사의 말씀 전례 중에 봉독되는 성경 말씀을 더 잘 이해하게 되어 마음이 서서히 열릴 것이다. 또한 마음이 잘 준비된 상태에서 영성체를 하면 성체 안에 계신 예수님을 좀 더 가깝게 느낄 수 있을 것이다.

이렇게 미사에서 주님의 말씀과 현존으로 힘을 얻은 사람은 기쁘고 활기찬 신앙생활을 할 수 있다. 주님의 은총과 축복은 무상으로 주어지지만, 그것을 받아들여 사랑의 열매를 맺기 위해서는 반드시 성실한 준비가 필요하다. 임금이 베푸는 혼인 잔치에 참여한 이들은 거기에 맞는 혼인 예복을 갖추어야 하듯이(마태 22,11-14 참조) 말이다.

# 고해성사

# 고해성사

세례성사를 통해 모든 죄를 용서받고 영적으로 새롭게 태어난 사람은 성체성사로써 영적으로 양육되고 성장한다. 하지만 세례를 받은 이후에도 우리를 죄로 이끄는 경향이 우리 안에 남아 있다. 그런 경향에 동조하여 우리의 생각과 말과 행동이 잘못된 방향으로 가게 되면 죄를 범하는 것이다. 죄는 우리를 영적으로 허약하게 하여 영적 건강에 해를 입힌다. 영적인 병은 그것의 원인이 되는 죄를 용서받아야 나을 수 있다. 죄의 용서를 위해 있는 것이 바로 고해성사다. 고해성사를 통해서 죄를 용서받으면 내적인 치유가 이루어져 영적 건강이 회복된다.

## 고해성사를 통해 용서하시는 주님을 만난다

예수님께서는 '되찾은 아들의 비유'(루카 15,11-32 참조)를 통해서 하느님께서는 인간의 죄를 너그럽게 용서해 주시는 자비로운 아버지이심을 가르쳐 주신다. 이 비유에서 둘째 아들은 아버지에게 아버지의 사후에나 받을 수 있는 유산을 미리 얻어 내서 먼 곳으로 떠나가 방종한 생활을 하다가 알거지가 된다. 비참한 처지가 된 둘째 아들은 비로소 정신이 들어 자기 잘못을 뉘우치고 집으로 돌아온다. 아버지는 불효막심한 못된 아들을 기다렸다는 듯이 반갑게 맞이한다. 그리고 '죽었던 아들이 다시 살아났다'고 말하면서 기쁨에 가득 차 큰 잔치를 베푼다. 하느님께서는 이 비유에 나오는 아버지처럼 죄인을 너그럽게 용서해 주시는 분이다.

또한 예수님께서는 하느님 아버지의 용서를 실제로 죄인들에게 베풀어 주신다. 예수님께서는 당신에게 "땅에서 죄를 용서하는 권한"(마르 2,10)이 있다고 하시면서, "너는 죄를 용서받았다."(마르 2,5; 루카 7,48)라는 말씀으로 사람들의 죄를 용서해 주신다. 또한 간음하다가 현장에서 붙잡힌 여인을 죽음의 위험에서 구해 주시고 용서해 주신다(요한 8,10-11 참조). 하느님의 아드님이신 예수님께서는 '죄인의 죽음을 원치 않고 회개하여 살기를 원하시는'(에제 33,11 참조) 아버지의 자비와 용서를 생생하게 전해 주신 것이다.

오늘날 예수님께서는 고해성사를 통해 그때와 똑같은 자비와 용서를 우리에게 베풀어 주신다. 사실 우리는 생각과 말과 행동으로 자주 잘못을 범하고 산다. 사람들은 비록 행동으로 드러나는 죄를 범하지는 않는다고 해도 보이지 않게 마음으로, 혹은 부주의한 말로 잘못을 저지른다. 또한 신자로서 마땅히 해야 할 바를 하지 않았다면, 그것도 잘못이다. 만일에 용서가 없다면 우리는 누적된 허물과 잘못의 짐을 지고 허덕이면서 힘겹게 살아가야 할 것이다. 그러나 하느님께서는 고해성사를 통해 우리 잘못을 용서해 주심으로써 무거운 죄의 짐을 벗어버리고 가벼운 몸과 마음으로 새출발하도록 이끌어 주신다.

| 왜 사제에게 죄를 고백해야 할까?

"하느님께서 죄를 용서해 주시는데, 왜 인간인 사제에게 죄를 고백해야 하느냐?" 이는 개신교 신자들이 많이 던지는 질문이다. "하느님께 직접 죄를 고백하고 용서를 받으면 됐지 왜 사제에게 죄를 고백해야 하는가?" 천주교 신자 중에서도 이렇게 생각하는 이들이 적지 않다. 우스개로 '중간 도매상을 거치지 않고 직거래할 수 없을까?' 하고 말하기도 한다. 물론 자기 잘못을 남에게 고백한다는 것은 창피하고 부담스러운 일이다. 그럼에도 사제에게 죄를 고백해야만 하는 데에는 여러 가지 이유가 있다.

부활하신 예수님께서는 당신 제자들에게 이렇게 말

씀하셨다. "성령을 받아라. 너희가 누구의 죄든지 용서해 주면 그가 용서를 받을 것이고, 그대로 두면 그대로 남아 있을 것이다."(요한 20,22-23) 예수님께서는 당신의 구원 사업을 마치신 후 성부께로 돌아가시기 전에 당신이 지니신 사죄권赦罪權을 제자들에게 위임해 주신 것이다. 사도들에게 위임된 사죄권은 다시 사도들의 후계자인 주교들과 그들의 협조자인 사제들에게 계승된다. 가톨릭 교회는 바로 이 성경 구절에 근거해서 하느님과 교회의 이름으로 공적公的으로 죄를 사하는 권한이 교회를 이끌고 대표하는 사도들과 그들의 후계자들에게 있다고 가르친다. 그래서 가톨릭 신자들은 죄를 지으면 사제에게 죄를 고백하고 하느님의 이름으로 용서를 받는다. 죄의 용서는 사제를 통해서 이루어지지만 죄를 용서해 주시는 분은 하느님이시다.

사제에게 죄를 고백하는 또 다른 이유는 죄의 특성에 있다. 우리는 세례를 받음으로써 하느님의 아들딸로 새롭게 태어나는 동시에 그리스도의 몸인 교회의 일원이 된다. 그러므로 우리 행동은 우리 자신에게서 끝나는 것이 아니라 우리가 속한 교회에 영향을 미치게 된다. 신자가 드러나게 죄를 지어서 다른 이들에게 악한 모습을 보이면 주위 사람들에게 "성당 다녀도 다 소용없어!"라는 비난을 받아 교회 공동체의 신뢰성을 떨어뜨린다. 또한 겉으로 드러나지 않는 죄는 다른 사람들에게 영향을 미치지는 않더라도 죄를 지은 당사자의 신앙을 약하게 만든다. 그리하여 그 사람의 신앙적 투신이 마비되면 결국 그가 속한 교회 공동체에 손해를 끼치는 결과를 낳는다.

이렇게 개인의 죄는 개인의 차원에 머물지 않고 교회 공동체에 악영향을 미치기 때문에 하느님만이 아니라 교회와의 화해도 필요한 것이다. 바로 이런 이중의 화해를 이룩하기 위해서 참회자는 그리스도를 공적으로 대리하는 동시에 교회를 공적으로 대표하는 사제에게 죄를 고백하는 것이다.

  죄의 고백은 심리적으로 도움이 된다. 죄를 짓고 마음이 무겁고 괴로울 때 누구에게라도 이야기하면 후련함을 느낄 수 있다. 경찰을 피해 도망 다니던 범죄자는 자수해서 모든 것을 실토한 다음에야 불안에서 벗어나 제대로 잠을 잔다고 하는 것과 같은 이치다. 혼자서 가슴속에 묻어 두고 괴로워하던 죄를 사제에게 고백하면 내적인 해방감을 얻고, 사제의 사죄경을 통해 죄의 용서를 받았다는 확신을 얻을 수 있다.

  가톨릭의 고해성사가 심리적으로 큰 도움이 된다고 인정하는 심리학자도 있다. 예를 들면 엘리자베스 퀴블러 로스(1926~2004년)는 이렇게 말한다. "좋은 의도로 마련된 자리에서 죄의식에 대해 함께 이야기하면, 사람들은 의외로 쉽게 죄의식을 털어 버리며 때로는 눈물을 쏟기도 합니다. 이런 종류의 나눔은 가톨릭 교회의 고해성사와 비슷합니다. 고해함으로써 우리는 비밀

스러운 짐을 덜어 내고, 자신보다 더 큰 힘으로부터 사랑받고 있음을 깨닫습니다."[7]

또 신자들 대부분은 사제에게 죄를 고백하는 것을 부담스러워하는데, 바로 이것이 어느 정도 죄를 예방하는 효과를 낸다. 두려움과 부끄러움을 무릅쓰고 사제에게 죄를 고백함으로써 재차 같은 죄를 짓지 않겠다는 결심을 더욱 굳건하게 할 수 있기 때문이다.

사제는 고해성사를 통해서 알게 된 모든 내용에 대해서 반드시 비밀을 지킬 의무가 있다. 이것을 '고해의 비밀'이라고 하는데, 교회의 역사를 보면 이를 지키기 위해서 목숨을 바친 사제도 있다. 네포무크의 요한 성인(1340~1393년)이 대표적인 인물이다. 그는 보헤미아 왕비의 고해 사제였는데, 고해성사를 자주 보는 왕비를 의심한 왕이 그를 불러 고해에서 들은 내용을 알려 달라고 집요하게 요구했다. 그러나 성인은 끝까지 거절하다가 결국 죽임을 당한다. 이처럼 사제는 고해의 비밀을 철저히 지켜야 하기에 신자들은 '신부님이 혹시 나의 죄를 누군가에게 알리면 어떻게 하지?' 하고 걱정할 필요가 없다. 또한 고해성사를 통해 많은 죄를 듣는 사제들은 고해자의 죄를 거의 기억하지 못한다. 그러므로 '신부님이 내 죄를 듣고 내게 실망하면 어쩌지?' 하는 고민도 할 필요가 없다.

### | 고해 사제는 주님 자비의 전달자가 되어야 한다

사제는 고해성사 중에 그리스도를 대신해서 죄인에게 용서를 전한다. 따라서 프란치스코 교황이 《복음의 기쁨》 44항에서 강조한 대로 "고해소가 고문실이 아니라 주님의 자비를 만나는 장소"[8]가 되도록 최선을 다해야 한다.

고해 사제의 역할에 대해 《가톨릭 교회 교리서》에서는 다음과 같이 설명한다. "이 성사의 집전자는 그리스도의 뜻과 사랑에 결합되어 있어야 한다. 그는 그리스도인의 행동을 잘 이해하고, 인간사에 대한 경험도 터득해야 하며, 죄에 떨어진 사람을 존중하고 배려해야 한다. 고해 사제는 진리를 사랑하고 교회의 교도권에 충실해야 하며, 고백하는 사람을 치유와 완전한 성숙으로 인내로이 인도해야 한다. 그는 고백자를 자비로우신 주님께 맡겨 드리고 그를 위해 기도하고 속죄해야 한다."(1466항)

훌륭한 고해 사제에게 영적으로 큰 도움을 받았다고 하는 신자를 만나면 참 반갑고 기쁘다. 반면에 어떤 신자가 고해성사 중에 야단을 맞아 마음에 상처를 입고 냉담했다는 말을 들으면 씁쓸해진다. 동시에 두려운 마음도 든다. 사목자로서 고해성사를 주면서 뜻하지 않게 신자들에게 마음에 상처를 주어 냉담하게 만들었을지도 모르기 때문이다. 그런 경우 예수님의 엄중한 경고를 피하기 어렵다. "나를 믿는 이 작은 이들 가운데 하나라도 죄짓게 하는 자는, 연자매를 목에 걸고 바다에 던져지는 편이 오히려 낫다."(마르 9,42) 두렵고 떨리는 마음으로 죄를 고백하러 온 "작은 이"를 야단쳐서 신앙에서 멀어지게 한다면, 그 사람을 죄짓게 하는 것이다.

사제는 자신이 예수님의 자비로운 마음을 좀 더 많이 닮도록 꾸준히 기도해야 한다. 그런 사제에게 고해성사를 보는 신자는 주님의 자비로운 손길을 좀 더 가까이 체험할 수 있다. 주님의 자비를 체험하고 환한 얼굴로 고해소를 나오는 신자들은 다른 이들에게 고해성사를 볼 용기를 북돋아 준다.

### | 죄는 솔직하게 고백해야 한다

고해소에서 죄를 고백할 때 가장 명심해야 할 사항은 '자신의 죄'를 고백해야 한다는 것이다. 자신의 죄를 고백한다면서 다른 사람을 탓한다면 곤란하다. "저는 잘하려고 했는데 다른 사람 때문에 어쩔 수 없이 죄를 지었습니다."라는 식의 고백은 옳지 않다. 또 죄를 짓게 된 상황을 설명하는 것은 좋지만 죄를 극구 변명하려는 것도 좋지 않다. 두 경우 모두 성찰과 통회가 부족하다고 할 수 있다.

고해소에서는 성찰을 통해서 알아낸 자신의 죄를 숨김없이 모두 고백해야 한다. 중대한 죄, 즉 대죄大罪는 반드시 고백해야 하고, 가능한 그 죄의 종류와 횟수까지 고백하는 것이 좋다. 그래야 고해 사제가 상황을 정확하게 파악할 수 있기 때문이다. 만일 누가 자신의 중대한 죄를 알면서도 일부러 숨긴다면 자신이 범한 죄의 중대성을 올바로 인정하지 않는 것이고 하느님께 불성실한 태도를 보이는 것이다. 이는 하느님을 거스르는 큰 잘못으로서 모고해冒告解라고 한다.

사실 하느님께서는 전지전능한 분이기 때문에 우리가 무슨 죄를 지었는지 모두 알고 계신다. 죄의 고백은 하느님께서 모르실까 봐 알려 드리는 것이 아니라 우리 자신이 영적으로 치유받기 위해서 필요한 것이다. 알코올 의존자는 자신에게 알코올 의존증이 있다는 것을 인정해야 비로소 의존증에서 벗어날 수 있다. 이와 마찬가지로 중대한 잘못을 범한 사람은 자신의 죄를 솔직하게 인정하고 고백할 때 비로소 죄에서 벗어날 수 있는 길이 열린다. 하느님께서는 우리가 죄의 수렁에서 벗어나 다시 행복해지기를 원하시기에 고해성사의 기회를 주신다. 그런데 죄를 고백하는 것이 '두렵다', '창피하다'라고 하면서 죄에서 벗어날 기회를 자꾸 미룬다면, 하느님이 매우 안타까워하시지 않을까?

대죄를 지은 것을 미처 알아내지 못해서 고백하지 못한 경우는 죄가 되지 않는다. 그런 죄의 사함을 받기 위해서 죄의 고백이 끝난 다음에 "이 밖에 알아내지 못한 죄도 모두 용서하여 주십시오."라는 기도문을 바치는 것이다. 하지만 고백하기가 버겁고 꺼려지는 죄를 일부러 고백하지 않은 채 이 기도문과 함께 얼버무리고 넘어가서는 안 된다. 글자 그대로 '알아내지 못한 죄'만 이 기도로써 용서받는 것이기 때문이다.

일상적인 잘못, 즉 소죄小罪는 고해성사를 통하지 않고도 사함을 받을 수 있다. 예를 들어 미사를 시작하면서 하느님께 자비를 구하는 기도를 바치는데 이때 진심으로 뉘우치고 용서를 청하면 죄의 사함을 받는다. 또 독서와 복음을 귀담아들으면서 회개의 마음을 가질 때도 소죄의 사함을 받을 수 있다.

하지만 교회에서는 소죄도 고해성사를 통해 용서받는 것을 장려하고 있다(《교회법전》 제 988조 2항 참조). 왜냐하면 비록 의무는 아니라고 해도 소죄를 고백하여 악으로 흐르는 나쁜 경향과 싸우고 양심을 더 건강하게 기를 수 있기 때문이다. 꼭 중병에 걸려야만 병원에 가는 것이 아니다. 감기처럼 가벼운 병에 걸린 경우에도 병원에 가서 의사의 도움을 받는 것이 유익하다. 이런 경우를 생각해 보면 일상에서 자주 반복되는 소죄라도 고해하는 것이 영적으로 유익하다는 교회의 권고를 이해할 수 있다.

### | 전화나 인터넷을 통해 고해성사를 보면 안 될까?

어떤 이는 사제에게 죄를 고백하는 것이 너무 부담스럽다며 비대면으로, 전화나 인터넷으로 고해성사를 볼 수 없는지를 묻기도 한다. 그러나 이런 방식은 비밀 보장이 어렵기 때문에 허용되지 않는다.

자신의 죄를 고백하고 죄의 사함을 받는 것은 아주 중대한 일이고, 중대한 일은 본인이 직접 나서는 것이 바람직하다는 것을 생각하면 좋겠다. 예를 들어 사랑하는 사람에게 청혼할 때 전화나 메일, 메시지로 한다면 성의가 없다고 하지 않을까? 직접 만나 얼굴을 마주하고 비록 더듬거리는 말로라도 자신의 마음을 털어놓는 것이 사랑을 고백하는 데에 가장 성의 있는 방법일 것이다. 그리스도께 죄를 고백하고 용서를 받는 고해성사의 경우도 이와 비슷하다.

고해성사는 그리스도와 참회자의 인격적 만남이다. 하지만 본당에서 판공성사 때나 주일에 많은 신자들이 제한된 시간 내에 고해성사를 받아야 하는 경우, 성사가 형식적·기계적으로 이루어지기 쉽다. 그러면 인격적인 만남을 제대로 체험하기 어려워진다. 이런 위험을 피하고 싶다면 상설 고해소를 찾아가거나, 사제와 개별적으로 시간 약속을 해서 좀 더 여유를 갖고 상담 방식으로 고해성사를 받는 것을 권장한다.

사제는 죄를 진심으로 뉘우치며 성실하게 고백하는 신자를 만나는 것이 자신을 되돌아보는 계기가 된다. '신자들이 저렇게 진지하게 살려고 노력하는데, 사제인 나는 과연 얼마나 열심히 살고 있는가?' 하는 반성을 하는 것이다. 또한 고해성사를 보기 전에는 죄의 무게에 눌려 침울한 표정에 축 처진 모습이었지만, 사죄경을 받고 기쁘게 돌아가는 신자를 보면 사제는 하느님께서 주시는 용서의 은총을 생생하게 체험하게 된다.

고해성사는 사제에게 하느님의 자비로운 손길을 구체적으로, 그야말로 피부로 느끼게 하는 은총의 자리다. 사제에게 죄를 고백하는 것이 크게 부담스럽다면, '내가 성실하게 성찰해서 진지하게 고해성사를 보면 고해 사제가 나로 인해 사제직의 보람을 느낄 수도 있다.'라고 생각하면서 그 부담을 덜어 버리면 좋겠다.

### | 보속은 죄가 남긴 흔적을 지우기 위한 노력이다

죄를 고백하면 사제는 그에 상응한 보속을 준다. 하느님께서는 사제를 통해 죄를 용서해 주셨는데, 보속을 하는 이유는 무엇일까? 그 이유는 죄가 어떤 방식으로든지 흔적을 남기기 때문이다. 죄를 범한 사람은 죄로 인해 영적으로 손상을 입게 되어 하느님에 대한 신앙과 이웃 사랑이 약해진다. 그래서 죄 자체는 용서받더라도 죄의 결과로 생긴 폐해는 사라지지 않고 그대로 남는 것이다. 벽에 잘못 박은 못을 **빼**내도 못이 박혔던 자국은 그대로 남는 것과 같은 이치다.

그러므로 죄가 남긴 부정적인 결과를 적절한 방법으로 보상하거나 대가를 치러야 하는데, 이를 보속補贖이라고 한다. 부부 싸움을 한 경우, 고해성사를 보고 잘못을 용서받더라도 서로 간에 감정의 응어리는 남아 있기 쉽다. 이 감정의 응어리를 풀고서 다시 부부 간의 신뢰를 튼튼하게 하기 위해서는 기도와 희생 등과 같은 보속이 필요하다.

물론 우리가 행하는 보속의 대가로 죄를 용서받는 것은 아니다. 죄의 용서는 인간이 행한 보속의 결과로 이루어지는 것이 아니고 하느님의 자비로 얻는 것이다. 보속은 죄가 남긴 어두운 자취를 조금이라도 지워 보려는 노력이고, 이 노력은 하느님 은총에 힘입어서 결실을 거둘 수 있다.

신자들 대부분은 보속을 달가워하지 않지만 보속을

성실히 이행하면 신앙생활에 큰 도움을 받을 수 있다.

고해성사에서 다소 무거운 보속을 받은 신자가 있었다. 그 보속은 한 달 동안 평일 미사를 참례하라는 것이었다. 직장인인 그는 그 보속에 불만이 많았지만, 꾹 참고 출근하기 전에 새벽 미사에 갔다. 그렇게 한 달 동안 새벽 미사에 참례하면서 미사의 유익함을 체험했고, 그래서 보속을 다 한 다음에도 계속해서 자발적으로 새벽 미사에 갔다고 한다. 큰 부담을 준 '보속'이 귀중한 '보석'으로 변화된 셈이다. 성실하게 이행하는 보속은 유익하고 좋은 열매를 맺는다.

## 판공성사는 꼭 봐야 할까?

교회법 제920조와 제989조에 따르면 모든 신자는 적어도 1년에 한 번 영성체와 고해를 해야 한다. 이는 원칙적으로는 부활 시기에 해야 하지만, 정당한 이유가 있으면 다른 시기에도 할 수 있다. 우리나라에서는 이런 규정에 근거해서 주님 부활 대축일과 주님 성탄 대축일 전에 신자들에게 성사표를 나누어 주고 고해성사를 보도록 촉구하는데, 이를 판공判功성사라고 부른다. 판공이란 공로功를 헤아려 판단한다判는 뜻이다.

우리나라에서 판공성사가 언제부터 시작되었는지 정확히 알 수는 없지만, 상당히 일찍부터 시행되었다고 추정된다. 과거에 사제들은 신자들의 신앙 성장을 위해 사순 시기에 고해성사를 주기 전 일종의 시험을 치르게 했다. 주로 교리에 관한 질문이었는데, 이를 찰고察考라고 한다. 찰고에 통과된 신자들은 성사표를 받아 고해성사를 볼 수 있었지만, 통과하지 못한 신자들은 다음 찰고 때 통과해야만 고해성사를 볼 수 있었다. 이렇게 해서 주님 부활 대축일과 주님 성탄 대축일 전에 두 번 고해성사를 보는 관습이 생겨났다.

이런 관습에서, 신앙 성장을 위해 얼마나 공을 쌓았는지를 판단받은 다음에 받는 성사라는 의미의 판공성사가 생겨난 것이다. 한국 가톨릭 교회에서는 판공성사를 받았는지 그렇지 않은지를 교적에 기록한다. 그리고 계속해서 판공성사를 받지 않는 이들을 냉담 신자로 분류한다.

법과 규정은 모든 사람에게 적용되어야 하기에, 최소한에 머무는 경우가 많다. 하지만 진정한 사랑은 최소 기준에 만족하지 않는다. 하느님을 사랑하는 사람이라면 그분과의 일치를 방해하는 죄와 잘못을 극복하기 위해 최선의 노력을 다할 것이다. 그렇다면 고해성사를 1년에 한 번이나 두 번 보는 것으로 만족할 수 있을까? 진정으로 사랑하는 사람들 사이에서는 몇 번이든 잘못을 고백하고 용서하기를 주저하지 않는다. 하느님과의 관계도 이와 다르지 않다.

어떤 사람은 판공성사 때마다 '고백할 죄가 생각나지 않아 억지로 죄를 짜내는 것 같다'는 불만을 토로한다. 방에 햇살이 비치면 평소에 보이지 않던 먼지가 많이 보이듯이 마음에 은총의 빛이 비치면 미처 헤아리지 못했던 허물과 죄가 보이게 된다. 판공 때마다 고백할 죄가 생각나지 않는다고 투덜대다가 우연한 기회로 마음을 고쳐먹었던 한 신자의 체험담을 소개한다.

'무슨 죄가 있다고 고백을 해야 해? 교회를 위해 나만큼 봉사활동 열심히 하는 사람 있으면 나와 보라지. 아니, 시간이 있어야 죄를 짓지. 물론 죄야 있지만 이 정도는 사람이면 누구나 짓는 게 아닌가? 그래도 성사를 안 보면 냉담자로 기록될 테니 보긴 봐야 할 텐데 대체 무슨 죄를 짜내지?' 하고 투덜거렸다. 아침에 설거지를 하려고 부엌으로 들어가며 라디오를 켰다. 채널을 돌리다가 조용한 음악이 흐르는 가운데 나긋하고 매혹적인 목소리에 빨려들듯 귀를 기울였다.

'시래기죽을 먹던 시절의 이야깁니다. 어머니는 식사 시간만 되면 상을 차려 놓고 슬그머니 배가 아프다며 나가셨습니다. 우리 여섯 남매는 시래기죽을 서로 차지하려고 얼굴도 들지 않은 채 숟가락을 부산히 움직였습니다. 지금 생각해 보면 늘 배가 아프다며 나가셨던 어머니는 자식들에게 한 그릇이라도 더 먹이려고 상을 물릴 때까지 부엌에서 애꿎은 아궁이만 휘젓고 계셨던 것입니다. …… 어머니는 내가 죄가 많아서, 내가 죄가 많아서, 라고 입버릇처럼 말씀하셨지요. 자식이 굶어도, 자식이 병들어도, 자식이 월사금을 못 내고 풀이 죽어도 어머니는 모두가 당신이 죄가 많기 때문이라고 하셨지요. 따지고 보면 전쟁 탓이고, 아버지가 돌아가신 탓이고, 식구가 너무 많은 탓이고, 피난살이 하던 모든 어머니의 공통된 설움이건만, 유독 어머니는 모든 것이 당신의 죄 탓이라고 하셨지요. 어머니의 나이가 된 지금 와서 생각해 보면, 어머니는 사랑이 많으셔서 죄가 많은 분이었습니다. 죄가 없다는 것은 사랑이 없다는 것입니다. 사랑이 많으면 죄가 큽니다.'

조용하지만 힘 있는 목소리로 또박또박 말씀하시던

어떤 분의 나직한 목소리가 죄를 짜내려고 안간힘을 쓰는 나의 뒤통수를 후려쳤다. '죄가 없다는 것은 사랑이 없다는 것입니다.'라는 말이 자꾸만 귓가에 맴돌며 눈물이 고였다. '그래, 내가 하느님 사랑을 잃어버렸구나! 어서 판공성사 하러 가야지.'

…… 하느님의 사랑을 온몸으로 느끼자, 생각지도 않았던 죄의 목록이 떠올랐다. 봉사하면서 자만한 죄, 교회를 위해 일한답시고 자신의 공명심을 위해 능력을 뽐낸 죄, 나보다 나은 사람들을 은근히 시기하고 깎아내린 죄, 나를 인정하고 이해해 주지 않는 사람을 미워하고 멀리한 죄, 그 잘난 일 한다고 돌아다니며 식구들에게 소홀히 한 죄, 그러면서 결백하다고 교회를 비판하며 나의 게으름을 합리화한 죄.

전에는 미처 알아내지 못한 그 많은 죄가 줄줄이 떠올라 하염없이 울었다. 어느새 죄가 다 씻겨 내려간 것 같았다. 그러나 겸손한 마음으로 신부님을 찾아가 고해하고 나오는데, 등 뒤에서 '평안히 하라.' 하는 주님의 말씀이 들려오는 듯했다. 날아갈 듯이 가벼운 걸음으로 집으로 돌아오는데 콧노래가 절로 흘러나왔다. '아! 주님이 내게 주시려는 게 바로 이것이로구나.' 고해성사의 은혜가 바로 평안이며 기쁨이며 새로운 출발이라는 것을 진하게 느낀 날이었다.⁹

## │ 일괄 사죄는 제한적으로 허용된다

통상적으로 대죄를 용서받기 위해서는 개별적으로 사제에게 죄를 고백하고 사죄경을 받아야 한다. 그러나 중대한 사유가 있는 경우에는 개별 고백 없이 한꺼번에 여러 참회자에게 일괄적으로 사죄赦罪가 베풀어질 수 있다.

이러한 일괄 사죄는 오늘날 두 경우에만 가능하다. 첫째, 어떤 상황으로 인해 죽을 위험이 임박했는데 한 명 또는 여러 명의 사제가 각 참회자에게 개별적으로 고백을 들을 시간적 여유가 없는 경우다. 둘째, 참회자들의 수가 너무 많아서 고해 사제들이 적절한 시간 안에 각자의 개별 고백을 제대로 들을 수 없는 상황에서, 이 기회를 놓치면 참회자들이 고해성사나 영성체를 오랫동안 못 하게 될 경우다(《교회법전》 제961조 1항 2호 참조).

두 번째 경우와 관련해서 일괄 사죄가 베풀어질 수 있는 상황인지의 여부는 교구장이 판단한다. 교구장이 결정한 경우 외에 여러 참회자를 한꺼번에 공동으로 사죄해 주어야 할 다른 상황이 생기면 가능한 한 먼저 교구장에게 문의해야 한다. 만약 교구장에게 문의하지 못하고 사죄해 주었다면 그렇게 할 수밖에 없었던 중대한 사유를 교구장에게 속히 보고해야 한다.

현재 우리나라에서는 부활 시기와 성탄 시기의 판공성사가 일괄 사죄의 이유에 해당하는 상황이 아니라고 보기 때문에 판공성사 때 일괄 사죄를 허락하지 않는다. 이는 "큰 축제나 순례 때 있을 수 있는 참회자들의 회중이 많다는 이유만으로는 고해 사제들이 부족하더라도 충분한 필요로 간주되지 아니한다."(《교회법전》 제961조 1항 2호)라는 규정에 따른 것이다.

일괄 사죄를 유효하게 받으려면 참회자가 합당한 준비를 해야 한다. 각자 자기 죄를 뉘우치고, 다시는 죄를 짓지 않기로 결심하며 혹시 남에게 끼친 손해가 있으면 보상하기로 다짐하는 것은 물론, "당장은 개별적으로 고백할 수 없는 모든 중죄를 적절한 때에 개별적으로 고백하겠다는 결심"(《교회법전》 제962조 1항)을 해야 한다. 일괄 사죄로 중죄를 용서받은 사람은 또다시 일괄 사죄를 받기 전에 되도록 빨리 기회가 있는 대로 개별 고백을 해야 하고 불가능 상태가 아닌 한 이를 1년 안에 실천해야 한다.

개별 고백보다 일괄 사죄가 심리적 부담이 덜한 것은 사실이다. 그런데 현대에는 죄를 죄로 인정하지 않고, 감추고 회피하는 경향이 점점 증가하고 있다. 많은 이들이 일괄 사죄를 선호하는 것이 혹시 이런 위험한 경향에 편승하는 것은 아닌지 성찰해 볼 필요가 있다. 이런 점을 고려할 때 일괄 사죄는 비상시에 제한적으로 허용되는 것이 마땅하다.

## 고해성사가 하느님의 선물임을 체험하는 이들이 더 많아지기를!

고해성사는 하느님께서 주시는 용서의 은총을 전하는 예식이며, 하느님의 큰 선물이다. 하지만 죄를 정직하게 고백해야 하기에 부담감을 주는 것도 사실이다. 감추고 싶은 자기 잘못과 죄를 낱낱이 고백하려면 수치심과 두려움이 따라오게 마련이다. 따라서 고해 사제는 신자들이 지나친 수치심과 두려움으로 괴로워하지 않도록 세심하게 배려해야 한다. 그러기 위해서는 엄격한 심판자가 아니라 그리스도가 베푸는 용서와 치유의 전달자가 되려는 노력이 필요하다. 고해 사제가 그리스도의 뜻과 사랑에 결합하여 인내와 포용적인 자세를 보인다면 신자들이 죄를 고백하며 느끼는 수치심과 두려움이 한층 가벼워질 것이다.

한편으로 신자 측에서는 죄 고백에 따른 부담을 기꺼이 감수하려는 각오가 필요하다. 자신의 죄를 고백하는 것인데, 어찌 부담이 없겠는가? 하지만 죄의 고백에 따라오는 부담감은 감수할 가치가 있다. 왜냐하면 그 부담은 더 큰 것, 곧 죄의 용서로 얻게 되는 내적인 자유와 기쁨에 이르기 위한 관문이기 때문이다.

요한 복음서에 나오는 예수님의 말씀은 고해성사에도 해당한다. "해산할 때에 여자는 근심에 싸인다. 진통의 시간이 왔기 때문이다. 그러나 아이를 낳으면, 사람 하나가 이 세상에 태어났다는 기쁨으로 그 고통을 잊어버린다."(요한 16,21) 두려운 진통의 시간 다음에는 새 생명을 맞이하는 기쁨이 다가오듯이, 죄 고백에 따른 두려움을 넘어서면 죄에서의 해방과 기쁨이 우리를 기다리고 있다.

잃어버린 양을 되찾고 기뻐하는 착한 목자이신 하느님께서는 회개하는 죄인을 반갑게 맞이하신다(루카 15,3-7 참조). 우리는 이런 하느님을 고해성사에서 만날 수 있다. 고해성사를 하느님께서 주신 소중한 보물로 받아들여 내적인 평화를 체험하는 신자들이 좀 더 많아지기를 기원한다. 그런 이들이 많아질 때 고해성사에 대한 부담 때문에 냉담하려는 이들이나 냉담을 풀려고 해도 고해성사 보기가 두려워서 못 하겠다는 이들이 용기를 내지 않을까? 신앙이 삶을 통해 전달되듯이 고해성사의 중요성도 삶으로 전달되는 것이다.

병자성사

# 병자성사

사람이 겪는 대표적인 고통 중의 하나가 질병이다. 중한 병은 몸의 건강을 해칠 뿐만 아니라 마음과 정신의 능력도 떨어뜨리는 등 인간에게 총체적인 고통을 안겨 준다. 병고가 오래 지속될수록 병자는 일과 일상생활에서 소외되면서 자신에게 집착하기 쉽고, 가족과 친지들에게 많은 근심과 걱정과 수고를 안겨 준다. 인생 여정 전체를 우리와 동행하시는 하느님께서는 병고의 시간에도 함께하신다. 교회는 병자성사를 통해 병고 중에도 우리와 함께하시고 우리를 보살피시는 하느님의 손길을 전해 준다.

## 병자성사를 통해 치유하시는 주님을 만난다

하느님께서는 병으로 고통받는 이들을 내버려두지 않고 호의적으로 돌보시는 분이다. "나는 너희를 낫게 하는 주님이다."(탈출 15,26) 이사야서에서는 치유를 구원의 때와 연결 짓는다. "주님께서 당신 백성의 상처를 싸매 주시고 당신의 매를 맞아 터진 곳을 낫게 해 주시는 날"(이사 30,26)이 바로 구원의 때라는 것이다.

하느님의 아드님이신 예수님께서는 병자들을 치유하시는 데 많은 시간을 할애하셨다. 예수님께서 도시와 촌락을 두루 다니실 때 많은 이들이 병자와 마귀 들린 사람들을 데려왔고, 그들은 치유를 받았다. 예수님께서는 병자들을 고쳐 주실 때 자주 그들의 몸에 손을 대셨다. 시몬의 장모 손을 잡아 일으키셨고(마르 1,31 참조), 나병 환자에게 손을 갖다 대셨으며(마르 1,41 참조), 등이 굽은 여인에게 손을 얹어 주셨다(루카 13,13 참조).

예수님의 제자들도 병자를 고쳐 주었다. 예수님께

서는 당신 제자들을 이스라엘의 여러 마을에 파견하여 복음을 전하게 하셨는데, 거기에는 병자를 치유하는 사명도 포함되었다. "그리하여 제자들은 떠나가서, 회개하라고 선포하였다. 그리고 많은 마귀를 쫓아내고 많은 병자에게 기름을 부어 병을 고쳐 주었다."(마르 6,12-13) 예수님께서 승천하신 후에도 베드로와 다른 제자들은 예수님의 이름과 권위로 병자들을 고쳐 주었다 (사도 3,1-10 참조).

이미 초대 교회에서 교회의 원로(사제)가 병자를 찾아가 기름을 바르고 기도하는 관습이 있었다. "여러분 가운데 앓는 사람이 있습니까? 그런 사람은 교회의 원로들을 부르십시오. 원로들은 그를 위하여 기도하고, 주님의 이름으로 그에게 기름을 바르십시오. 그러면 믿음의 기도가 그 아픈 사람을 구원하고, 주님께서는 그를 일으켜 주실 것입니다. 또 그가 죄를 지었으면 용서를 받을 것입니다."(야고 5,14-15) 그 당시에 기름은 보편적인 치료제이자 상처를 낫게 하는 약으로 여겨졌는데, 고통을 덜기 위해서나 신체를 단련하기 위해서도 사용되었다.

이렇게 병자에게 도유를 하면서 그를 위해 기도해 주는 특별한 예식이 '병자의 도유', 즉 '병자성사'라고 불리게 되었다. 오늘날에도 주님은 병자성사를 통해 질병으로 육체적·정신적 어려움을 겪는 신자들에게 치유의 손길을 내미신다. 주님은 병고로 허약해진 환자의 마음과 신앙을 굳세게 해 주시고 병자의 구원에 도움이 된다면 잃어버린 건강도 되돌려주신다.

병자성사를 집전하는 사제는 병자에게 성경 말씀을 들려주고 그를 위한 기도를 드린 다음에 침묵 중에 안수한다. 이는 예수님께서 병자에게 다가오셔서 그를 돌보신다는 것을 나타낸다. 이어서 병자 성유를 병자의 이마와 두 손에 바른다.

사제는 환자의 이마에 성유를 바르면서 다음과 같은

기도를 바친다. "주님, 이 거룩한 도유와 지극히 어지신 주님의 자비로 성령의 은총을 베푸시어 이 교우를 도와주소서." 곧이어 환자의 두 손에 기름을 바르며 기도한다. "또한 이 교우를 죄에서 해방시키시고 구원하시며 자비로이 일으켜 주소서." 사제는 이 기도를 통해 주님이 병자를 약함과 병고에 홀로 내버려두지 마시고, 건강의 회복과 죄의 용서를 허락해 달라고 간청하는 것이다.

## 병자성사는 죽기 전에만 받을 수 있는 성사가 아니다

본래 병자성사는 글자 그대로 병자들을 위한 성사였다. 그런데 세월이 지나면서 종부終傅성사, 즉 '죽기 전에 받는 성사'로 명칭이 바뀌었다. 이런 변화는 8세기경부터 시작되었다. 병자성사를 받기 전에 고해성사를 받아야 했는데, 그 당시에는 보속이 매우 무거웠다. 예를 들어서 평생 춤을 못 추거나 육식이 금지되거나, 부부의 경우에는 성생활을 포기해야 했다.

이런 이유에서 사람들은 자연적으로 병자성사를 죽기 직전까지 미루게 되었다. 그래서 병자성사의 명칭도 변하게 된 것이다. 중세 초기 때만 해도 '병자 도유'라고 불렸지만, 12세기에는 '마지막 도유', 즉 '종부성사'라고 불리게 된다.

제2차 바티칸 공의회에서는 종부성사라는 명칭을 본래대로 병자성사로 변경했다. "'종부성사'는 또한 더 적절히 '병자의 도유'라고 할 수 있으므로, 이는 생명이 위급한 지경에 놓인 사람들만을 위한 성사가 아니다. 그러므로 분명히 이 성사를 받는 적절한 시기는 이미 신자가 질병이나 노쇠로 죽을 위험이 엿보이는 때로 여겨진다."(《전례 헌장》 73항)

이런 지침에 따라서 병자는 물론 노령으로 쇠약해진 이들도 병자성사를 받게 되었다. 그래서 몇몇 본당에서는 노쇠한 이들을 위해 공동으로 병자성사를 베풀기도 한다. 또한 생사가 걸린 수술이 아니더라도 큰 수술을 받기 전에 병자성사를 받는 것은 합당할 뿐 아니라 권장할 일이다.

병자가 죽을 위험이 큰 병에 걸렸는데도 충격받는 것이 두려워서 의식 불명의 상태까지 병자성사를 미루는 것은 바람직하지 않다. 병자에게 진정 도움을 주고자 한다면, 병자가 아직 의식이 있어서 스스로 기도할 수 있을 때 성사를 받도록 인도해야 한다.

### | 병자성사의 은총은 풍성하다

우선 병자성사는 병자에게 내적인 평화와 용기를 선사한다. 우리 사회에서는 병들고 노쇠한 이들을 외면하려는 경향이 점점 더 강해진다. 하지만 예수님의 말씀과 행동에서 드러나듯이 하느님께서는 결코 이런 이들을 버리지 않으실 뿐만 아니라 더욱더 큰 관심과 사랑으로 돌보신다. 병자성사는 이런 자비로우신 하느님에 대한 믿음을 굳건하게 하여 병이나 노쇠의 고통을 견딜 수 있도록 내적인 위로와 평화를 준다. 또한 죽음에 직면한 사람은 죽음에 대한 두려움에서 벗어나서 영원한 생명을 주시는 하느님께 신뢰를 갖도록 도움을 받는다.

내적인 위로와 평화는 육체적 건강이 회복되는 은총을 함께 가져올 수 있다. 인간의 몸과 마음은 서로 밀접하게 연결되어 있다. 그래서 중병으로 손상된 마음의 건강을 회복함으로써 병자가 육체적 건강을 회복하는 데에 큰 도움을 줄 수 있다. 병자가 자신의 모든 것을 하느님께 의탁하는 믿음과 기도 그리고 가족과 친지들의 보살핌과 기도는 내적인 평안과 위안을 얻는 데에 큰 도움이 되고, 이를 통해서 병세의 완화나 치유까지도 가능해진다. 실제로 병자성사를 받은 후에 정신적으로 또는 육체적으로 병세가 현저하게 호전된 경우가 종종 있다.

또한 병자성사는 병자가 그리스도의 수난과 죽음에 자신의 고통을 일치시키도록 도와준다. 병자성사를 받는 모든 이가 육체적 건강을 되찾는 것은 아니다. 기도와 간청에도 불구하고 병이 낫지 않으면 그리스도의 수난과 죽음에 합치하려고 노력해야 한다. 예수님께서는 인류 구원을 위해서 받아야 할 수난과 십자가의 고통을 감수하셨다. 제2차 바티칸 공의회도 병자들이 "자기 자신을 그리스도의 고난과 죽음에 자유로이 결합시켜 하느님 백성의 선익에 기여"(〈교회 헌장〉 11항)할 것을 권유한다.

병자성사는 아직 남은 죄를 용서하는 은총도 선사한다. 야고보 사도는 병자를 위한 기도와 도유가 "아픈 사람을 구원하고 주님께서는 그를 일으켜 주실 것"(야고 5,15)이라고 말하면서 이렇게 덧붙인다. "그가 죄를 지었으면 용서를 받을 것입니다."(야고 5,15) 죄의 사함은

통상적으로 고해성사를 통해 이루어지지만, 혹시라도 남아 있는 죄가 있다면 병자성사를 통해서도 용서를 받게 된다.

## 병자성사의 효과는 공동체의 참여로 더욱 높아진다

병자성사의 집전자는 사제다. 하지만 병자들을 위한 기도와 돌봄은 교회 공동체 전체가 함께 수행해야 할 임무다. 어떤 이들은 병자성사를 죽음과 연결 지어서 생각하기 때문에 성사받기를 두려워한다. 따라서 병자의 가족과 신자들은 격려와 기도를 통해 병자가 두려움을 떨쳐 버리고 하느님을 굳건히 신뢰하도록 도와주어야 한다. 병자 자신의 노력과 가족의 도움으로 잘 준비된 상태에서 병자성사를 받는다면 성사의 효과는 더욱 증가할 것이다. 고통으로 인해 신앙이 흔들릴 수도 있지만, 반대로 하느님에 대한 신뢰를 더욱 굳건하게 다질 수도 있다. 그렇게 되기 위해서는 자신의 노력만이 아니라 주위의 도움과 기도가 있어야 한다.

성품성사

# 성품성사

성품성사(聖品聖事)는 한 사람을 교회의 사제요 목자로 축성하는 성사다. 예수님께서는 최후의 만찬에서 성체성사를 제정하시면서 열두 사도에게 "너희는 나를 기억하여 이를 행하여라."(루카 22,19) 하고 명하셨다. 이 말씀으로 사도들은 성체성사를 집전할 신약의 사제로 임명된 것이다.

예수님께서 승천하신 후에 사도들은 그분의 이름으로 복음을 선포하고 성체성사를 거행하면서 하느님의 백성을 이끌었다. 또한 사도들은 안수와 기도를 통해 자신의 협조자와 후계자들에게 사제와 목자의 직무를 위임했다(사도 13,1-3; 14,23; 1티모 4,14; 5,22 참조). 예수님께서 세우신 사제와 목자의 직무는 성품성사를 통해서 지금까지 이어져 왔고 앞으로도 계속될 것이다.

### | 사제직에는 두 종류가 있다

우리는 그리스도의 유일한 사제직에 두 가지 방식으로 참여할 수 있다. 하나는 세례성사를 통해 받는 보편 사제직이다. 베드로의 첫째 서간 2장 5절에서 말하는 대로 세례를 받은 신자들은 "하느님 마음에 드는 영적 제물을 예수 그리스도를 통하여 바치는 거룩한 사제단"이다. 이들 모두는 자기 자신과 자신의 모든 활동을 하느님께 영적 제물로 봉헌하고, 자신을 어두움에서 당신의 놀라운 빛 가운데로 불러 주신 그분의 능력을 선포함으로써 보편 사제직을 수행한다(〈교회 헌장〉 10항 참조).

다른 하나는 성품성사를 통해 받는 직무 사제직이다. 이 사제직은 교회 공동체가 그리스도와 복음 안에서 하나가 되도록 인도하는 것을 목표로 한다. 십인십

색+人+色이란 말이 있듯이, 교회 공동체에 속한 사람들도 서로 달라서 일치하고 화합하기가 쉽지 않다. 직무 사제직은 다양한 사람들로 구성된 교회 공동체의 일치와 화합을 위해 존재한다. 따라서 직무 사제직을 맡은 이에게는 일치의 성사인 성체성사와 다른 성사들을 거행하는 권한이 주어진다.

"주님께서는 신자들이 한 몸으로 결합되도록 신자들 가운데에서 어떤 이들을 교역자로 세우셨다. …… 교역자들은 신자 공동체에서 성품의 거룩한 힘으로 희생 제사를 봉헌하고 죄를 용서하며, 또한 그리스도의 이름으로 사람들을 위하여 공적인 사제 직무를 수행한다."(〈사제 생활 교령〉 2항)

사제는 미사를 봉헌하면서 신자들이 일상생활에서 준비한 영적인 제물을 그리스도의 십자가상 희생 제사와 결합한다. 평신도들의 "모든 일, 기도, 사도직 활동, 부부 생활, 가정생활, 일상 노동, 심신의 휴식은 성령 안에서 그 모든 일을 하고 더욱이 삶의 괴로움을 꿋꿋이 견뎌 낸다면, 예수 그리스도를 통하여 하느님께서 기쁘게 받으실 영적 제물이 되고(1베드 2,5 참조), 성찬례 거행 때에 주님의 몸과 함께 정성되이 하느님 아버지께 봉헌된다."(〈교회 헌장〉 34항) 이렇게 신자들이 그들의 삶에서 봉헌한 영적인 제사가 미사 중에 그리스도의 희생 제사와 결합하며 완성되기 때문에, "사제는 신자들이 미사의 희생 제사에서 하느님 아버지께 신적 제물을 봉헌하고 또한 그 제물과 더불어 자기 삶을 바치도록 가르쳐야"한다(〈사제 생활 교령〉 5항).

민주 국가에서는 나라의 주권이 국민에게 있고, 정치가들은 국민으로부터 주권을 위임받는다. 그럼 사제들은 이와 같은 방식으로 자신의 직무 사제직을 보편 사제직을 지닌 신자들에게 주권을 위임받아 수행하는 것일까? 그렇지 않다. 신자들이 세례성사를 통해 그리스도로부터 보편 사제직을 직접 받듯이 사제들도 성품성사를 통해 그리스도로부터 직무 사제직을 직접 받는다. 교회의 주인은 그리스도 한 분뿐이시고, 신자와 사제들은 주님께 받은 자신의 고유한 사제직을 서로 협력하며 수행함으로써 주님과 그분의 교회에 봉사하는 것이다.

## 성품성사에는 세 품계가 있다

직무 사제직을 수여하는 성품성사에는 주교품, 사제품, 부제품의 세 품계(品階)가 있다. 성품성사의 최고 단계는 주교품으로 여기에서 "충만한 성품성사"(〈교회 헌장〉 21항)가 이루어진다.

주교는 사도들의 후계자로서 예수님께서 사도들에게 맡기신 사명, 곧 교회 공동체를 세우고 성장시키는 사명을 수행한다. 주교는 "하느님의 대리로서 양 떼를 다스리는 그 목자들이 되고, 교리의 스승, 거룩한 예배의 사제, 통치의 봉사자가 되는 것"이다(〈교회 헌장〉 20항).

바꿔 말하면, 주교는 복음을 가르치고, 성체성사와 그 밖의 다른 성사들을 거행하고, 신자들을 사목하면서 교회가 하느님의 백성, 그리스도의 몸, 성령의 성전으로 성장할 수 있도록 책임을 지고 이끌어 간다.

사제, 곧 신부는 주교의 권한을 나누어 받아 주교를 돕는 협력자다. 신부는 "성품성사의 힘으로 영원한 대사제이신 그리스도의 모습에 따라(히브 5,1-10; 7,24; 9,11-28 참조) 신약의 참사제로서 복음을 선포하고 신자들을 사목하며 하느님께 예배를 드리도록 축성"된다(〈교회 헌장〉 28항). 이렇게 신부는 주교에서 성품성사를 받고 파견을 받아 주교의 임무를 돕는다.

부제직副祭職은 예루살렘의 초대 교회 공동체에서 사도들을 도와 식량을 공평하게 배분하는 임무를 위해 뽑힌 일곱 봉사자에게서 유래한다(사도 6,1-7 참조). 부제는 전통적으로 주교에게 속해 있으면서 봉사의 임무를 수행했다. 오늘날 부제는 주교와 신부를 도와서 "세례를 집전하고 혼인을 주례하고 축복하며, 죽음이 임박한 이들에게 노자 성체를 모셔 가고, 신자들에게 성경을 봉독하여 주며, 백성을 가르치고 권고하며, 신자들의 예배와 기도를 지도하고, 준성사를 집전하며, 장례식을 주재"(〈교회 헌장〉 29항)할 수 있다.

현재 부제직은 사제직의 전前 단계로서의 부제와 평생 부제로서 봉사하는 종신終身부제로 구분된다. 종신 부제는 대부분 가정을 가진 이들 중에서 선발되는데, 한국에서는 종신 부제 제도를 도입하지 않았다.

## 사제에게는 세 가지 주요 임무가 맡겨진다

주교, 사제, 부제 중에서 신자들이 일반적으로 만나는 성직자는 사제다. 가톨릭 신자들의 신앙생활의 중심은 전례이기에 전례의 핵심인 성체성사를 집전하고 고해성사를 주는 사제를 자주 만나게 된다. 제2차 바티칸 공의회는 〈사제 생활 교령〉을 통해 사제의 세 가지 주요 임무를 상세하게 설명한다.

사제는 우선 하느님 말씀의 교역자_教役者_로서, 하느님의 복음을 모든 사람에게 선포하는 것을 자신들의 첫째 직무로 받아들여 구원의 말씀을 통해 비신자 마음에 신앙을 불러일으키고, 신자의 마음에 신앙을 키우도록 이끌어야 한다. 사제가 수행하는 말씀 교역의 내용은 공개적 설교, 교리 교수, 각종 그리스도교 교육 등이다. 그중에서 가장 높은 위치를 차지하는 것은 전례적 설교, 곧 강론이다.

복음 선포에서 사제는 언제나 자신의 지혜가 아닌 하느님의 말씀을 가르쳐야 한다. 동시에 사제는 듣는 사람들의 마음을 움직이기 위해서 하느님의 말씀을 이론적으로나 추상적으로만 설명할 것이 아니라, 복음의 영원한 진리를 구체적 생활 환경에 적응시켜 설명해야 한다. 이런 말씀 선포는 비신자들의 마음에 그리스도에 대한 신앙을 불러일으켜 세례성사로 인도한다. 또한 신자들의 신앙을 한층 더 키우고 성사에 대해서 좀 더 깊은 이해를 갖고 참여하게 한다(〈사제 생활 교령〉 4항 참조).

그리고 사제는 성체성사와 다른 성사의 집전자로서, 사람들이 세례성사와 견진성사를 통해 교회 공동체의 일원이 되고, 스스로 자기 신앙을 고백하면서 복음을 선포할 수 있도록 돕는다. 성체성사는 사제 직무에서 핵심적인 위치를 차지한다. 왜냐하면 사제의 첫째 직무가 말씀 선포라면, 성체성사는 사제 교역의 목표이자 완성이기 때문이다. 사제 교역은 성체성사를 목표로 하고 성체성사에서 완성되는 것이다. 성체성사 안에 교회의 모든 영적 선이 내포되어 있기 때문에 성찬례 모임은 사제가 주재하는 신자 집회의 중심이다. 따라서 사제는 신자들에게 성체성사가 신앙생활의 중심점이 될 수 있도록 보살펴야 하고, 고해성사의 중요성도 강조해야 한다(〈사제 생활 교령〉 5항 참조).

아울러 사제는 하느님 백성의 교육자로서, 주교가 자신들에게 맡긴 공동체에서 신자들 각자가 지닌 다양한 은사를 계발하면서 동시에 공동체를 육성하고 발전시킬 의무를 지닌다. 그러므로 사제는 모든 신자가 각기 성령 안에서 복음에 따라 자기 소명을 계발하도록 이끄는 동시에 참된 그리스도인 공동체를 이루도록 인도해야 한다. 한마디로 사제는 자신에게 맡겨진 교회 공동체의 건설과 발전을 위해서 노력해야 한다.

이에 관한 제2차 바티칸 공의회에서는 〈사제 생활 교령〉을 통해서 이렇게 권고한다. "주님을 본받아 모든 사람과 더불어 넘치는 인정으로 살아가야 한다. 그러나 그것은 결코 사람들의 비위나 맞추려는 것이 아니다. 그리스도인 생활과 교리가 요구하는 대로 행동하여 사람들을 가르치고 때로는 가장 사랑스러운 자녀처럼 훈계하여야 한다."

또한 사제는 모든 사람을 돌봐야 하지만, 특별히 가

난하고 보잘것없는 사람들을 우선해서 돌보고, 젊은이들은 물론 부부들과 부모들 그리고 병자와 임종하는 사람들에게 큰 관심을 기울여야 한다(〈사제 생활 교령〉 6항 참조).

사제는 그리스도께서 세우신 교회에 봉사하기 위한 존재이기 때문에 자신이 아니라 하느님께서 성자와 성령을 통해 이룩하신 구원 업적을 사람들에게 전해야 한다. 그리고 그것을 자신의 온 삶으로 드러냄으로써 아버지 하느님께 영광을 드리는 사람이어야 한다. 사제는 하느님의 영광을 위해 살아야 하기에 지상 생활과는 다른 방식의 삶을 살아야 한다. 그래서 주교에게 겸손하게 순명하고, 일생 독신생활을 하며, 청빈하게 살아야 한다(〈사제 생활 교령〉 15-17항 참조).

또한 사제는 그리스도처럼 사람들에게 봉사하기 위해 세상 안에서 살아야 한다. "사제 교역 자체가 이 세속을 본받지 말라고 특별히 요구한다. 그러나 동시에,

이 세상에서 사람들 가운데에서 살아가며, 착한 목자로서 자기 양들을 알고, 이 우리 가운데에 있지 않은 양들도 그리스도의 목소리를 듣도록 인도"해야 한다.(《사제 생활 교령》 3항) 사제는 프란치스코 교황의 말처럼 '양 냄새가 나는 목자'가 되어야 한다.

## 사제는 왜 독신 생활을 해야 할까?

로마 가톨릭 교회의 성직자는 종신 부제를 제외하고는 모두 의무적으로 독신 생활을 해야 한다. 하지만 같은 그리스도교에 속하는 그리스 정교회나 러시아 정교회 같은 동방 교회에서는 그렇지 않다. 주교는 독신자 중에서 선발되지만, 사제품과 부제품은 기혼 남성들도 받을 수 있다. 성공회에서는 신부만이 아니라 주교도 결혼할 수 있고, 개신교의 거의 모든 목회자는 결혼 생활을 한다.

로마 가톨릭 교회에 속한 성직자의 독신 의무는 하

느님의 명령인 신법神法이 아니고 교회가 정한 규정이다. 예수님께서는 하느님의 나라를 위한 독신에 대해서 말씀하시지만(마태 19,11-12 참조), 모든 제자에게 독신을 의무로 부과하지는 않으셨다. 전승에 의하면 요한 사도는 독신이었지만 베드로와 몇몇 사도들에게는 아내가 있었다(마르 1,30-31; 1코린 9,5 참조). 신약 성경 후기 문헌에는 교회 지도자가 되려는 사람에게 요구되는 자격을 언급하는 부분에서 "한 아내의 충실한 남편"(1티모 3,2.12; 티토 1,6)이라는 표현이 나온다. 이 표현은 자기 아내를 사랑하는 사람을 뜻한다.

하지만 세월이 흐르면서 성직자의 결혼이 금지된다. 독신 생활을 하는 것이 직무 수행에 더 적합하다고 판단했기 때문이다. 여러 지역 주교회의에서 성직자들에게 독신 생활을 하라고 명하다가 마침내 1139년 제2차 라테란 공의회에서 온 교회의 사제들에게 독신을 의무로 규정하였다.[10]

제2차 바티칸 공의회는 독신제가 사제 직무의 본질에 필연적으로 속하지는 않는다는 사실과 동방 교회의 기혼 사제 중에서도 훌륭한 이들이 있다는 점을 인정하면서도 다른 한편으로는 성직자에게 독신제가 적합하다고 강조한다.

"독신 생활은 많은 점에서 사제직에 적합하다. …… 하늘나라를 위하여 지키는 동정이나 독신을 통하여 사제는 새롭고 뛰어난 방법으로 그리스도께 축성되며, 갈림 없는 마음으로 더욱 쉽게 주님을 따르며, 주님 안에서 주님을 통하여 더욱 자유롭게 하느님과 사람들을 섬기는 데에 헌신하고, 신적 생명을 새로 낳는 일과 주님의 나라에 더욱 수월하게 봉사하며, 이렇게 하여 그리스도 안에서 부성을 더욱 풍부히 받기에 한층 더 적합해진다. …… 이로써 사제들은 믿음과 사랑으로 이미 현존하는 저 미래 세계를 보여 주는 생생한 표지가 되며, 거기서는 부활한 사람들이 시집도 가지 않고 장

가도 들지 않는다."(〈사제 생활 교령〉 16항)

2005년의 주교대의원회의에서 동방 교회의 총대주교들은 기혼 사제에 대한 자신들의 경험에 근거해서 성직자의 의무 독신제 유지를 옹호하였다. "기혼 남성에게 성직을 수여하는 일은 교의상 아무 문제가 없지만, 경험상 기혼 사제들은 교구민들의 눈에 '너무 여유가 없어' 보이며, 교계 제도에 따라 필요할 때 전출시키기도 어렵다."[11] 독일 루터교 목사의 아들 한 사람은 자신의 아버지가 열성적인 목회자로 살려고 가족에서 많은 포기와 희생을 요구했던 것을 회고하면서 이렇게 말했다. "제 자신이 경험한 바로는, 좋은 목사란 직무에 충실해야 하며 그것을 통해 사람들에게 필요한 존재가 되므로 결혼과 가정생활에는 여유를 가질 틈이 없다고 생각합니다."[12]

현재 우리나라의 사회·경제적 여건을 고려할 때도 독신제가 사제 직무 수행에 적합하다. 사제에게 결혼을 허용한다면, 가정생활과 자녀 교육에 요구되는 경제적 측면에 크게 신경을 쓰지 않을 수가 없다. 이로 말미암아 사목 생활에 적지 않은 지장을 받을 우려가 크다. 교구 사제는 수도자들처럼 청빈 서원을 하지는 않지만, 돈에 매여 살아서는 안 된다. 검소한 삶을 살아가는 데에 큰 도움이 되는 독신제는 여전히 사제 직무에 적합한 생활 형태라고 할 수 있다.

유럽이나 미국에서는 사제들의 고령화와 사제 지망자의 급격한 감소 때문에 교회의 미래에 대해 많은 염려와 걱정을 하고 있다. 그래서 의무 독신제를 폐지하고 자유로이 독신을 선택하게 하자는 의견이 증가하고 있다. 하지만 사제 지망자의 감소는 단지 의무 독신제 때문만은 아닐 것이다. 독일 루터교 목회자들은 결혼 생활을 할 수 있음에도 불구하고 수십 년째 목사 지망생들이 부족해서 어려움을 겪고 있고, 사제에게 결혼을 허락한 동방 교회에서도 사제 지망자가 대폭 줄어

들고 있다.

이런 현상을 볼 때 사제 지망자의 부족은 더 깊은 데에서 이유를 찾아야 할 것이다. 이와 관련해서 베네딕토 16세 교황(1927~2022년)의 견해에 주목할 필요가 있다. 그는 교회의 진정한 문제는 신자 수가 줄어드는 것이 아니라 신앙이 사라진다는 사실이라고 지적하면서, 신앙이 사라짐에 따라 기도와 전례에 대한 미지근한 태도가 나타나며 선교의 의지가 약해지는 것이라고 주장하였다.[13]

확고하고 생생한 신앙에서 하느님과 사람을 위해 헌신하고 투신하려는 마음이 우러나온다. 과거 조선 시대에 프랑스 선교사들이 목숨을 걸고 잠입하여 악조건에서도 열성적으로 선교를 할 수 있었던 원동력은 확고하고 생생한 신앙이었다. 베네딕토 16세 교황의 말처럼 오늘날 사제 지망자가 감소하는 이유는 독신의 의무보다는 신앙의 약화와 쇠퇴에 그 원인이 있지 않을까 싶다.

## | 사제는 신자들의 기도로 산다

사제에게 맡겨진 직무는 거룩하지만, 사제 자신은 한 인간으로서 부족하고 약한 존재다. 바꿔 말하면 사제는 '보물을 담고 있는 질그릇'(2코린 4,7 참조)일 뿐이다. 그리하여 신자들의 기도, 도움, 관심, 격려, 때로는 충고가 필요하며, 그것에 힘입어 점점 더 성숙한 사제로 성장해 나간다. 사람이 부모, 친척, 친지들의 관심과 사랑 안에서 더 성숙한 인간으로 성장해 가듯이 말이다.

"사제는 신자들의 기도를 먹고 산다."라는 말이 있다. 사제에게는 하느님의 은총과 함께 신자들의 영적 지원이 꼭 필요하다. 사제를 위해 영적 지원을 아끼지 않는 좋은 신자들에게서 좋은 사제가 나오고, 예수님을 닮은 좋은 사제들을 통해 좋은 신자들이 육성된다. 《가톨릭 기도서》에 수록된 '사제들을 위한 기도 2'의 내

용처럼 "사제들이 언제 어디서나 주님만을 바라고 의지하여 하느님 백성의 길잡이가 되고 일치의 중심"이 되도록 자주 기도해야 할 것이다.

# 혼인성사

# 혼인성사

결혼은 어느 문화권에서나 인생의 매우 중요한 순간으로 여기기 때문에 특별한 예식으로 거행한다. 가톨릭 교회도 결혼은 높은 품위와 가치를 지닌다. 혼인 자체는 창조주 하느님께서 제정하셨다. 하느님께서는 당신이 창조하신 아담에게 하와를 짝지어 주심으로써 남자는 부모를 떠나 아내와 결합하여 둘이 한 몸이 되도록 하셨다(창세 2,24 참조). 이에 따라 결혼이란 제도가 생겨난 것이다.

창조주 하느님께서 제정하신 결혼은 하느님의 아드님이신 예수님을 통해 그 품격이 한층 더 높아진다. 예수님께서는 카나의 혼인 잔치에서 물이 포도주로 변하는 기적을 베푸시고(요한 2,1-11 참조), 하느님의 나라를 혼인 잔치에 비유하심으로써(마태 22,2 참조) 혼인의 품격을 높이셨다. 바오로 사도는 에페소 신자들에게 보낸 서간에서 세례를 받은 신자들 사이의 혼인은 그리스도와 교회와의 사랑의 결합을 상징한다고 말한다(에페 5,21-33 참조).

혼인성사로 맺어진 남자와 여자의 자연적 사랑은 하느님의 초자연적 사랑을 반영한다. 사랑이 있는 곳에 하느님께서 머무르시듯(1요한 4,12 참조), 혼인성사를 받은 부부의 사랑 안에서 그리스도가 교회에 베푸신 '큰 사랑'이 드러나는 것이다.

### | 왜 혼인성사를 받아야 할까?

혼인성사를 받을 때 신랑과 신부가 서로에게 다음과 같이 약속한다. "나 (    )는 당신을 내 아내(남편)로 맞아들여 즐거울 때나 괴로운 때나, 성할 때나 아플 때나,

일생 신의를 지키며 당신을 사랑하고 존경할 것을 약속합니다."

이 약속대로 살기란 매우 어렵다. 사람은 자주 사랑의 이름으로 자신의 이기심과 욕심을 상대방에게 강요한다. 또한 처음에는 변치 않을 것처럼 절절하던 사랑도 시간이 지나고 상황이 바뀌면 약해지거나, 자주 깨지기도 한다. 이런 점은 이미 성경에도 드러나 있다.

인류의 원조인 아담은 하느님께서 짝지어 주신 하와를 맞이하면서 기쁨에 가득 차 이렇게 말한다.

"이야말로 내 뼈에서 나온 뼈요 내 살에서 나온 살이로구나!"(창세 2,23)

그런 아담이지만, 하느님께서 금하신 선악과를 따먹고 추궁을 받자 하와에게 탓을 돌린다(창세 3,12 참조). 죄로 말미암아 아담과 하와 부부의 원초적 친교가 깨진 것이다. 그 여파로 창조주께서 주신 본래의 선물인 남녀 상호 간의 매력은 탐욕과 지배의 관계로 변하게 된다(창세 3,16 참조). 하느님의 큰 축복인 부부의 사랑이 인간의 잘못으로 인해 크게 손상된 것이다. 이 상처가 치유되기 위해서는 하느님의 특별한 은총이 필요하다. 다시 말해서 예수님께서 인간에게 베푸신 특별한 사랑에 힘입어야 이 상처가 치유될 수 있다.

예수님께서는 우리 인간을 위해서 당신을 기꺼이 십자가 죽음에 내맡기시고, 당신을 배반했던 제자들도 너그럽게 용서해 주셨다. 이기적인 마음 없이 상대방을 위한 헌신적인 사랑, 상황에 따라 오락가락하지 않는 항구한 사랑의 소유자가 바로 예수님이시다. 혼인성사를 받는 이유는 이기적이고 깨지기 쉬운 인간의 사랑이 예수님의 사랑에 힘입어서 헌신적이고 견고한 사랑으로 변화되기를 청하는 데에 있다. 남녀의 사랑이 얼마나 약하고 깨지기 쉬운지를 조금이라도 경험해 본 사람이라면, 충실하고 항구한 예수님의 사랑을 선물로 전해 주는 혼인성사를 소중하게 여길 것이다.

혼인성사의 은총은 한순간에 실현되기보다는 일생에서 지속된다. 인간의 삶이 좀 더 성숙한 인간으로 자라나는 여정이듯이 부부의 사랑도 더 성숙한 사랑을 향한 여정이다. 혼인성사의 은총으로 부부가 성숙해져 서로가 서로에게 주님 사랑의 표징, 곧 그리스도가 교회에 베풀어 주신 헌신적이고 지속적인 사랑의 표징이 되어야 할 것이다.

### | 혼인성사에는 은총과 함께 의무도 따라온다

혼인성사의 고유한 은총은 부부의 사랑을 완전하게 하고 그들 간의 일치가 흔들리지 않도록 강화해 준다. 또한 부부가 자녀 출산과 그 양육을 통해서 서로 인격적으로 성숙하고 신앙적으로 성장할 수 있도록 도와준다. 이 모든 것은 그리스도의 능력으로 가능하게 된다. "그리스도께서는 그들과 함께 머무시면서, 자기 십자가를 지고 당신을 따르며, 죄에서 다시 일어서고, 서로를 용서하며, 상대의 짐을 져 주고, '그리스도를 경외하는 마음으로 서로 순종'(에페 5,21) 하고, 초자연적이며 온유하고 열매 맺는 사랑으로 서로 사랑할 힘을 주신다. 그리스도께서는 부부애와 가정생활의 기쁨 속에서, 이 세상에서 어린 양의 혼인 잔치를 미리 맛보게 하신다."(《가톨릭 교회 교리서》 1642항)

혼인성사로 맺어진 부부는 상대방에게 충실하고 상대방을 배반하지 않겠다는 신의, 그리고 둘 사이의 유대를 상대가 죽을 때까지 지속하겠다는 혼인의 불가해소성不可解消性을 받아들여야 한다. 또 자녀의 출산을 근본적으로 배제해서는 안 된다.

이런 의무는 모두 성경에 근거한다. 부부는 "둘이 아니라 한 몸"(마태 19,6)이기에 다른 사람에게 눈을 돌리지 말고 배우자에게 충실해야 한다. "하느님께서 맺어 주신 것을 사람이 갈라놓아서는 안 된다."(마태 19,6)라는 예수님의 말씀처럼 헤어져서는 안 된다. 사람은 본

성상 자신의 배우자가 자신만을 진정으로 사랑하고 그 사랑이 영원히 지속되기를 원한다. 이렇게 볼 때 교회에서 요구하는 부부간의 절대적 신의와 혼인의 불가해소성은 인간의 본성에도 부합하는 것이다.

또 하느님께서 첫 인간 부부에게 "자식을 많이 낳고 번성"(창세 1,28) 하라고 명하신 대로 부부의 사랑은 자녀 출산의 문을 열어 놓아야 한다. 자식을 낳아 기르는 것은 많은 수고와 어려움을 동반하지만 이를 통해 부부간의 사랑과 일치가 더 깊고 견고하게 된다. 제2차 바티칸 공의회는 〈교회 헌장〉 11항에서 가정을 "가정교회"라고 부르면서, "바로 이 가정교회에서 부모는 말과 모범으로 자기 자녀들을 위하여 최초의 신앙 선포자가 되어야 하며, 각자의 고유한 소명을 특별한 배려로 육성하여야 한다."라고 권고한다.

부부에게 주어지는 이런 의무들, 이를테면 한 사람을 평생 변치 않고 사랑한다는 것은 지키기 매우 어렵다고 여길 수 있다. 예수님의 제자들도 그렇게 생각했다. 그들은 남편이 아내를 버려서는 안 된다는 스승의 말씀을 듣고 "그러하다면 혼인하지 않는 것이 좋겠습니다."(마태 19,10)라고 대답한다.

사실 부부가 서로 신의를 굳건히 지키면서 평생 함께 산다는 것은 쉬운 일이 아니다. 하지만 하느님께서는 혼인성사를 통해 부부에게 그에 필요한 은총을 주신다. 부부는 이 은총이 유지되고 강화되도록 열심히 노력해야 한다. 부부가 함께 성실하게 기도 생활을 하면서 서로의 이해를 돕는 대화를 지속한다면 '일생 사랑하고 신의를 지키며 사랑하고 존경하겠다'는 혼인 서약대로 살아갈 수 있을 것이다.

## | 혼인성사를 받기 전에 준비가 필요하다

혼인성사를 받기 위해서는 몇 가지 절차를 거쳐야 한다. 적어도 혼인하기 한 달 전에 소속 본당 사제나 그를 대신하는 사제와 혼인 면담을 하고 혼인 문서를 작성해야 한다. 사제는 신랑과 신부가 온전한 자유의사에 의해서 혼인하려는 것인지, 혼인에 방해되는 요인은 없는지 등을 물어보고, 이를 혼인 문서에 기록하여 본당에 영구적으로 보관한다. 혼인 면담 전에는 그리스도교의 정신에 따른 혼인이 무엇인지를 가르치는 혼인 교리를 받아야 한다. 또한 혼인성사를 받기 전에 견진성사와 고해성사를 받는 것이 좋다.

부모는 자녀들이 정해진 절차를 거쳐 혼인성사를 받도록 인도해야 한다. 과거에는 혼인성사를 받지 않고 사회적 혼인만 하는 경우 본당 주임 신부가 부모에게 책임을 물어서 한시적으로 영성체를 금지하기도 했다. 지금은 그렇게까지 엄격하게 부모에게 책임을 묻지는 않지만, 부모는 자녀들에게 "최초의 신앙 선포자"(〈교회헌장〉 11항)인 만큼 그들이 혼인성사의 은총 안에서 결혼 생활을 할 수 있도록 적극적으로 인도해야 한다.

혼인성사를 받기 위한 절차가 복잡하고 번거롭다고 불평하는 이들이 있다. 그런데 요즈음 결혼을 앞둔 이들 대부분이 야외에서 촬영을 하려고 하루나 이틀씩 고생하면서 여기저기 돌아다닌다. 이 모습을 보면 인생의 중대사인 혼인을 준비하기 위해서는 적어도 야외 촬영 준비에 들이는 시간과 노력 정도는 할애해야 하지 않을까, 하는 생각이 든다.

혼수와 예물을 마련하고 결혼식장과 피로연 장소를 물색하는 등 통상적으로 준비하는 것도 중요하다. 하지만 이 모든 외적인 준비보다 조용한 시간을 갖고 기도하면서 하느님의 도우심을 청하는 내적인 준비가 더 중요하다. 인생의 중대사인 혼인을 앞둔 신랑과 신부는 불안과 두려움에 사로잡히는 경우가 많다고 한다. 이를 극복하여 안정되고 기쁜 마음으로 혼인성사를 받기 위해서도 반드시 내적인 준비가 필요하다. 좋은 땅이 좋은 결실을 내듯이, 내적으로 성실하게 준비한 이들은 혼인성사의 은총을 통해 풍성한 결실을 얻을 것이다.

## 이혼한 신자도 교회 공동체의 일원이다

예수님께서는 남편이 이혼장을 써 주고 아내와 결별하는 것을 허락한 당시의 관습을 엄격하게 금지하셨다. "누구든지 아내를 버리고 다른 여자와 혼인하면, 그 아내를 두고 간음하는 것이다. 또한 아내가 남편을 버리고 다른 남자와 혼인하여도 간음하는 것이다."(마르 10,11-12)라고 말씀하셨다. 가톨릭 교회는 이 말씀에 따라 한번 유효하게 거행된 혼인은 배우자가 죽기 전에는 결코 해소될 수 없다고 믿는다. 하지만 유감스럽게도 이혼하는 부부가 점점 더 늘어난다.

혼인성사를 받은 부부가 이혼을 하면 그 자체로 성사 생활을 할 수 없다고 생각하는 이들이 있다. 하지만 그것은 잘못된 생각이다. 이와 관련해 요한 바오로 2세

성인 교황(1978~2005년 재위)은 교회의 입장이 그렇지 않다는 것을 분명하게 밝혔다. "이혼은 하였지만 유효한 결혼 유대는 갈릴 수 없다는 것을 잘 알기 때문에, 재혼을 거부하면서 가정의 의무와 그리스도인 생활의 책임을 수행하는 데에만 전심하는 사람들에게 교회가 성사를 허용하는 데에 아무런 장애를 두지 않고 계속적 사랑과 보조를 주는 것이 더욱 필요할 것입니다."[14]

이혼한 사람이 교회 법원을 통해 먼젓번 혼인에 대한 무효화 판정을 받지 않은 채로 민법에 따라 재혼한다면, 그는 혼인의 불가해소성을 어기는 것이다. 따라서 이 상태가 지속되는 동안에는 성체를 모실 수 없다. 하지만 요한 바오로 2세 성인 교황은 이러한 처지에 있는 사람도 교회에서 떨어져 나가지 않도록 최대한 배려하라고 이렇게 호소한다.

"그들이 비록 성체는 영하지 못하더라도 세례를 받은 자들로서 교회 생활에 참여할 수 있고 진정 참여해야 하는 까닭입니다. 그들은 하느님의 말씀을 듣고 미사 성제에 참여하며 기도에 항구하라고 격려를 받아야 할 뿐 아니라, 역시 사랑의 사업과 정의를 위한 공동체의 노력에 기여하고 그리스도적 신앙에 따라 자녀들을 키우며 참회의 정신과 실천을 연마하면서 매일매일 하느님의 은혜를 간청하라고 격려받아야 합니다. 교회는 그들을 위하여 기도하고 그들을 격려하며 인자한 어머니답게 행동함으로써 그들의 신앙과 희망을 유지해야 합니다."[15]

실상 유효하게 맺어진 혼인의 유대를 풀지 못하고 민법상으로만 재혼함으로써 영성체가 금지된 사람들 모두가 자신의 중대한 과실 때문에 그렇게 된 것은 아니다. 첫 번째 결혼을 구제하려고 온 힘을 쏟아서 노력하였으나, 부당하게 버림받은 사람도 있다. 또 자녀의 양육을 위해서 재혼한 사람도 있다. 이들 대부분은 마음에 깊은 상처를 안고 내적으로 큰 고통과 어려움을 겪고 있다.

이런 점을 생각한다면 결코 그들을 외면하거나 냉대해서는 안 될 것이다. 특히 주위에서 이러한 문제로 어려움을 겪는 신자들을 죄인 취급하거나 이야깃거리로 삼지 않도록 주의해야 한다. 이들은 아픔이 있는 사람들이기 때문에 자칫 작은 일에도 큰 상처를 입을 수 있고, 또 그로 인해서 신앙마저 저버릴 수 있다. 교회 공동체는 이들이 비록 영성체를 하지 못하더라도 예수님의 사랑과 자비를 느낄 수 있도록 세심하고 따뜻하게 배려해야 할 것이다.

### | 기도는 성가정의 초석이다

성모 마리아와 요셉 성인 그리고 예수님께서 이루신 가정을 거룩한 가정, 성가정聖家庭이라고 부른다. 요즘에는 가족이 모두 세례를 받으면 성가정이라고 부르는데, 본래 성가정은 예수님과 그분의 부모님이 이루신 가정이다. 혼인성사로 맺어진 모든 부부는 성가정을 모범으로 삼고 살아야 한다. 성가정이 되려면 무엇보다도 부부가 함께 기도해야 한다.

미국은 이미 1960~1970년대에 평균 이혼율이 30퍼센트를 넘었다고 한다. 그런데 한 통계에 따르면 기도하는 가정의 이혼율은 현저하게 낮았다. 정기적으로 교회나 성당에 나가는 사람의 경우에는 51명 중 한 명이 이혼했고, 매일 가정 기도를 바치는 사람은 1,011명 중 한 명이 이혼했다. 이 통계는 부부와 가정의 화목을 위해서 기도가 얼마나 중요한지를 단적으로 드러낸다.

가족이 함께 기도를 바치면 하느님 앞에서 먼저 자신을 살펴보게 된다. 상대를 탓하기 전에 '내가 남편으로서, 아내로서, 아버지로서, 어머니로서, 자식으로서 해야 할 본분을 다했는가?', '나를 앞세우기 전에 상대를 먼저 이해하고 받아들이려 노력했는가?' 하고 되돌아보며 하느님 앞에서 정직하게 반성할 수 있다. 하루에 한 번, 적어도 일주일에 두세 번만이라도 기도하면서 자신을 반성하는 시간을 갖는다면 가정생활이 원만해질 것이다.

부부 싸움의 원인은 대개 상대편을 자기 생각과 바람에 끼워 맞추려는 데 있다고 한다. 아무리 부부라 하더라도 상대는 나와 다를 수밖에 없는데, 그런 상대를 억지로 자신에게 맞추려 하니까 다툼이 날 수밖에 없다. 그런데 기도를 통해서 이런 점을 반성하고 고쳐 나가려고 한다면, 부부 싸움의 원인은 자연스럽게 없어진다.

신자 중에서도 이혼하는 이들이 많은 것은 아마도 기도 생활을 소홀히 하거나 기도를 거의 하지 않는 데에 그 이유가 있지 않을까 싶다. 예전에는 대부분 대가족 단위로 생활했는데, 신자 가정에서는 매일 저녁에 가족이 함께 모여 가장의 주도하에 기도를 바쳤다. 비록 저녁 기도, 묵주 기도 등을 바치느라 시간이 길어져서 지루해하거나 조는 사람도 있었지만, 기도가 가족의 결속에 큰 역할을 한 것은 사실이다. 이런 좋은 전통을 다시 살린다면, 부부의 일치와 가정의 평화에 큰 도움이 될 것이다. 함께 기도하면서 예수님의 성가정을 닮아 가는 가정이 많아질 때 우리 교회는 물론 사회도 더욱 건강해질 것이다.

## 맺음말

저는 1982년에 가톨릭대학교 신학대학원 1학년을 마치고 오스트리아 인스브루크Innsbruck로 가서 그곳 신학대학에서 공부를 계속했습니다. 당시 인스브루크 교구의 교구장 라인홀트 슈테허(1921~2013년) 주교님은 탁월한 설교자로 정평이 나 있었습니다. 기회가 닿을 때마다 미사나 강연에서 그분의 말씀을 들으면서 과연 평판이 틀리지 않았다는 것을 느끼고는 했습니다. 그분의 강론과 강연을 담은 책이 여러 권 출간되었는데, 그중 한 책에 실린 감동적인 이야기 하나를 소개합니다. '가장 길고도 가장 짧은 강론'이란 소제목이 붙은 이야기입니다.[16]

슈테허 주교님이 장애를 지닌 어린이들에게 견진성사를 집전하시게 되었는데, 수녀님들이 운영하는 기관에 있는 아이들이었습니다. 몸만 불편한 것이 아니라 지능에도 어려움이 있어서 특수학교 교육을 받는 것도 불가능했습니다. 견진 준비를 위해 주교님을 방문했던 담당 사제는 이런 아이들 사정을 고려해서 강론을 짧게 해 달라고 신신당부를 하면서 3분을 넘어서는 안 된다고 아예 못을 박았습니다. 주교님은 이런 아이들을 위해 어떤 강론을 해야 할지 긴 시간 동안 고민을 거듭한 끝에 다음과 같은 짧은 강론을 하셨습니다.

"사랑하는 어린이 여러분, 여러분의 엄마와 아빠, 언니와 오빠, 동생들은 여러분을 사랑합니다. 그리고 이 집의 수녀님들도 여러분을 사랑합니다. 그분들은 여러분을 사랑한다는 것을 여러분에게 보여 주고 싶어 합니다. 그럴 때마다 여러분의 머리나 뺨을 쓰다듬어 주지요? 하느님도 여러분을 매우 사랑하십니다. 그래서 이 견진성사를 통해 여러분의 머리와 뺨을 쓰다듬어 주고 싶어 하십니다. 이제 내가 여러분의 이마에 성유로 십자표를 긋고 여러분의 머리를 쓰다듬으면, 바로 하느님께서 여러분을 쓰다듬어 주시는 것입니다."

주교님은 견진성사 예절 중에 주례자가 하는 행동에 의미를 부여해서 말씀하신 것입니다. 강론을 마친 주교님은 휠체어에 앉아 있는 한 남자아이에게 다가가서 이마에 성유를 바르려고 하셨습니다. 그러자 아이는 온몸을 비틀고 침을 흘리면서 힘겹게 무엇인가를 말했습니다. 잘 들어 보니 이런 말이었습니다. "쓰다듬어 주세요."

그 아이는 이마에 성유를 바르고 머리를 쓰다듬는 행동이 바로 하느님 사랑의 표시라는 강론 말씀을 알아듣고 쓰다듬어 달라고 한 것입니다. 주교님은 아이의 말을 듣고 매우 기쁘셨다고 합니다. 알아듣기 힘든 어눌한 말 한마디였지만 본당 방문 때 신자들이 보내 주는 열렬한 환영의 박수보다도 훨씬 우렁찬 소리로 다가왔다고 회고하셨습니다.

  이처럼 성사는 우리를 사랑하시어 우리의 머리와 뺨을 쓰다듬어 주시는 하느님의 부드럽고 따뜻한 손길에 견줄 수 있습니다. 하느님의 아드님이신 예수님께서는 이런 손길로 어린이들을 축복해 주시고(마르 10,16 참조), 귀먹고 말 더듬는 이의 혀를 만져 주시며(마르 7,32-33 참조), 오랜 병고로 등이 굽은 여인을 치유해 주셨습니다(루카 13,12 참조). 이 은총의 손길은 일곱 성사를 통해 계속 오늘날 우리에게도 전해집니다.

  하느님께서는 어떤 상황에서든 사랑에 가득 찬 따뜻한 손길을 우리에게 건네십니다. 성사를 통해서 전해지는 그 손길로 치유되고 힘을 얻어 이 험난한 세상에서 하느님의 자녀답게 기쁘고 활기차게 살아가면 좋겠습니다. 아울러 우리가 성사를 통해 받은 하느님 사랑의 손길을 이웃에게 전하면서 말입니다. 그러면 이 낡고 거친 세상이 조금은 새로워지고 부드러워지지 않을까요?

# 주

1. 손희송, 《성사, 하느님 현존의 표지》, 가톨릭대학교출판부, 2003, 38-40쪽 참조.
2. 히뽈리뚜스, 이형우 역주, 《사도 전승》, 분도출판사, 1992, 119쪽 참조.
3. 같은 책 127쪽.
4. 레이-메르메 저, 김인역 역, 《성사 안에 드러난 신앙》, 분도출판사, 1994, 95쪽.
5. 히뽈리뚜스, 이형우 역주, 《사도 전승》, 119쪽 그리고 123-125쪽 참조.
6. 손희송, 《일곱 성사, 하느님 은총의 표지》, 가톨릭대학교출판부, 2011, 155-150쪽 참조.
7. 엘리자베스 퀴블러 로스·데이비드 케슬러, 류시화 역, 《인생 수업》, 이레, 2006, 132쪽.
8. 프란치스코 교황, 《복음의 기쁨》, 한국천주교주교회의, 2014, 46쪽.
9. 이인옥, 《갈봄 여름 없이 꽃이 피네》, 바오로딸, 2008, 71-75쪽.
10. 손희송, 《일곱 성사, 하느님 은총의 표지》, 364-366쪽 참조.

11. 베르나르 르콩트, 최석우·변기찬 옮김, 《'마지막' 유럽인 교황 베네딕도 16세》, 분도출판사, 2008, 180쪽.
12. 토마스 콥, 김정우 역, 《사제 독신제와 오늘》, 대구가톨릭대학교 영성신학연구소, 1994, 6쪽.
13. 페터 제발트 대담 및 정리, 김선태 옮김, 《베네딕토 16세 교황의 마지막 이야기》, 가톨릭출판사, 2017, 13쪽 참조.
14. 교황 요한 바오로 2세, 《가정 공동체》, 한국천주교중앙협의회, 1983, 83항.
15. 위의 회칙, 84항.
16. Reinhold Stecher, Heiter—besinnlich rund um den Krummstab, 1991, Tyrolia, p.94-99.